상서가 무르녹는

지상 선경으로 가는 길

상서가 무르녹는 지상 선경으로 가는 길

발행일	2024년 8월 19일		
지은이	배철교		
펴낸이	손형국		
펴낸곳	(주)북랩		
편집인	선일영	편집	김은수, 배진용, 김현아, 김다빈, 김부경
디자인	이현수, 김민하, 임진형, 안유경, 최성경	제작	박기성, 구성우, 이창영, 배상진
마케팅	김회란, 박진관		
출판등록	2004. 12. 1(제2012-000051호)		
주소	서울특별시 금천구 가산디지털 1로 168, 우림라이온스밸리 B동 B111호, B113~115호		
홈페이지	www.book.co.kr		
전화번호	(02)2026-5777	팩스	(02)3159-9637

ISBN 979-11-7224-247-3 03290 (종이책)   979-11-7224-248-0 05290 (전자책)

(주)북랩 성공출판의 파트너
북랩 홈페이지와 패밀리 사이트에서 다양한 출판 솔루션을 만나 보세요!
홈페이지 book.co.kr • **블로그** blog.naver.com/essaybook • **출판문의** book@book.co.kr

작가 연락처 문의 ▸ ask.book.co.kr
작가 연락처는 개인정보이므로 북랩에서 알려드릴 수 없습니다.

상서가
무르녹는 지상 선경으로 가는 길

배철교 지음

북랩

머리말

　선천과 후천은 당연히 여름과 겨울처럼 서로 상반된 기운이 주도하는 세상인 것입니다. 여름옷을 입고 겨울을 보낼 수 없고 겨울옷을 입고 여름을 보낼 수 없듯이 후천 선경세상에 참여하기 위해서는 당연히 상극세상에서 몸과 마음에 밴 그릇된 기운을 모두 버릴 수 있어야 되는 것입니다.

　앞으로 오는 세상이 천하 사람들이 모두 한집안 식구처럼 여기는 세상이고 상생만 한다는 세상이라는 것을 모르는 수도인들이 어찌 있을 수가 있겠으며 당연히 선천은 상극이 지배하여 세상 어디에서나 서로 편을 갈라 다투고 이기고자 하는 기운이고 나라 간이건 같은 민족끼리도 서로 해치고 살상을 벌이기도 하던 상반된 기운이 지배하던 세상인 것입니다.

　상제님께서 인세에 오시어 천지공사를 보심도 이와 같은 선천의 상극운을 끝내시고 후천 선경의 무궁한 운수를 여시기 위하여 공사를 보신 것입니다.

　상제님께서 대원사에서 공부를 마치시고 공사를 시작하시던 초에 [시속에 어린아이를 개벽장이라 희롱하나니 이는 개벽장이 날 것을 이름이니라. 내가 三界 대권을 주재하여 천지를 개벽하여 무궁한 선경의 운수를 정하고 조화정부를 열어 재겁(災劫)에 싸인 민생과 신명을 건지려 하니 너희는 마음을 순결히 하여 천지공정에 수종하라] 하심도 [조화정부]를 세우시어 재앙과 겁액에 싸여 있는 민생과 신명들을 구원하시고 천지를 개벽하시어 무궁한 후천 선경을 여신다는 말씀입니다.

선천 수천 년 동안 인류가 온갖 전란을 겪을 수밖에 없고 목숨을 위협하는 험한 세상에서 살아온 것이 아니고 무엇이겠으며 이모두가 상극의 기운이 인간 사물을 지배하였기 때문입니다.

상제님께서 [선천은 상극지리가 인간 사물을 맡았으므로 모든 인사가 도의에 어그러져 원한이 쌓이고 맺혀 三界를 채웠으니 마침내 살기가 터져 나와 이 세상의 모든 참혹한 재앙을 일으켰느니라. 그러므로 이제 천지도수를 정리하고 신도를 조화하여 만고의 원한을 풀며 상생의 道로써 후천 선경세상을 열 조화정부를 세워 무위이화와 불언지교로 화민정세하리라] 하심도 같은 말씀으로 으레 강압과 위무로 사람을 가르치고 다스리는 웅패의 기운을 물러가게 하시고 도인들이 [상생의 道]를 실천하여 道의 바른 기운이 세상에 전해지게 하여 화민정세하신다는 말씀입니다.

상제님께서 [상생의 道]라 하심이 [정음정양]의 바른 도법을 두고 하신 말씀입니다.

상서가 무르녹는 지상 선경으로 가는 길

하물며 상제님께서 천지공사를 보시고 화천하신 지가 언제이며 아직도 [조화정부] 공사가 이루어지지 못한 것이 현실이 아니고 무엇이겠으며 제가 『중화경 주해』에 이어 새 책을 또 발간 하게 된 것도 결국은 조화정부 공사가 속히 이루어지기 바라는 염원에서 비롯된 것입니다.

[조화정부] 공사가 이루어지는 것이 곧 새로운 기틀이 열리는 것이며 이것이 교운과 교법이고 도운과 도법이 시작이 되는 것입니다.

상제님께서 [요순의 道가 다시 나타나리라] 하심도 [무위이화]로 천하가 다스려지게 하는 道가 다시 세상에서 실현이 되게 된다는 말씀이며 당연히 조화정부가 이루어지는 것이 [요순의 道]를 다시 시작시키시는 도수인 것입니다.

상제님께서 [진법]이라 하심도 이를 두고 하신 말씀이며 요즈음 세상에 진법이라는 말을 아무 데나 갖다 붙이는 경우도 있지만 진법이 곧 우주가 질서가 이루어지고 존재하는 근본인 [무극시태극]의 진리가 [진법]인 것입니다.

터럭만큼도 편벽되거나 치우치지 않는다 하신 상제님 도덕에 의하여 음양 두 기운이 태극의 원리로 합덕하고 조화가 이루어져 수많은 변화를 이루는 것이 곧 우주에 나타나는 모든 현상이 아니고 무엇이겠으며 사람도 마찬가지로 이와 같은 하늘의 性을 체득하여 솔성지도(率性之道)하여 개인 간뿐만 아니라 집단 간, 나라 간까지라도 같이 여겨 서로 부족한 것을 채워주고 덕성을 합하는 것이 곧 세상에서 道가 행해지는 것입니다.

수도하는 사람치고 이와 같은 道의 진리를 이해하지 못하는 사람이 어찌 있을 수가 있겠으며 하지만 선천 수천 년 동안이나 인류가 서로 적대시하고 상대를 해치던 세상에서 살아와 道의 진리와 상반된 기운이 깊이 배어 있어 道의 바른 기운이 전해지기가 어려운 것입니다. 이 모두가 상대를 자신과 같은 존재로 여기는 기운이 아니라 강압과 위무로 복종시키고 굴복시켜 지배하고자 하는 웅패의 기운이 온 세상을 지배하였으므로 집단 간 나라 간까지도 모두 같은 기운이 지배하여 이와 같은 세상이 된 것입니다.

상제님께서 진멸지경에 이른 온 천지를 구하시기 위하여 인세에 오셨을 때는 인류가 선천세상 내내 온갖 상극을 벌여 서로 원수처럼 여기고 적대시하는 기운이 천지에 가득 채워져 있을 때이며 하물며 수천 년 동안 쌓이고 쌓인 원한을 푸시고 지역 간, 나라 간까지라도 태극의 원리로 합덕 조화를 시켜 [평천하]를 이루실 수 있는 상제님 도덕을 세상에 실현을 시키시기가 어찌 쉬울 수가 있겠으며 당연히 그만한 시간이 필요할 수밖에 없는 것입니다.

때가 되어 [정음정양]의 운이 시작이 되는 것이 [평천하]를 이루실 수 있는 상제님 도덕이 전해지기 시작하는 것이고 이것이 도운(道運)이 시작이 되는 것입니다.

개인 간뿐만 아니라 집단 간에도 마음이 치우치지 않아 같이

상서가 무르녹는 지상 선경으로 가는 길

여길 수 있는 기운이므로 [정음정양]이라 하는 것이며 당연히 [정음정양]의 바른 도법이 실현이 되면 천하평을 이룰 수가 있는 것입니다.

수도를 하는 사람들이 수천 년 동안이나 上下의 위계를 세워 사람을 다스리는 기운 속에서 살아오고 또한 같은 기운 속에서 수도를 하여 이 기운을 道의 이치로 착각하기도 하지만 실제로는 상제님께서 [상극지리]라 표현하신 기운인 것입니다.

道라고 하는 것은 [태극의 진리]를 두고 하는 말이며 태극의 형상이 곧 정음정양의 이치로 용사하는 것이 아니고 무엇이겠으며 당연히 上下의 위계를 세우는 선천기운이 물러가고 [정음정양]의 운이 시작이 되는 것이 도운이 시작이 되는 것입니다.

태극도에서 지금까지 도문에 들어와 한평생 수도를 한 도인들이 수없이 많다 하여도 그동안 성도를 이룬 도인들이 어찌 있으며 道를 제대로 지각하기도 어려운 것이 현실이 아니고 무엇이겠습니까? 이 모두가 선천의 위계를 세우는 기운 속에서는 상제님 도덕을 추구할 수가 없기 때문인 것입니다.

선천의 위계 속에서 우리 쪽이건 남의 쪽이건 전혀 치우치지 않아 [평천하]를 이루실 수 있는 [무극시태극]의 상제님 도덕을 어찌 추구할 수가 있겠으며 당연히 선천법으로는 세상 없어도 도인들이 소원성취를 이룰 수 없는 것입니다.

도문에 들어와 수도를 하여 공덕을 쌓았다 하여도 道의 진리를 체득하지 못하면 큰 의미가 없는 것은 당연한 일이며 [조화정부] 공사가 이루어지고 [정음정양]의 운이 시작이 되어야 도인들이 비로소 웅패의 삿된 욕심에서 비롯된 선천의 그릇된 구속에서 모두 벗어나 상제님 도덕을 공부하여 득도하고 성도를 이룰 수 있게 되는 것입니다.

상제님께서 [정음정양]을 맡은 문공신 종도에게 [이윤의 도수와 문왕의 도수]를 말씀하심도 인간의 삿된 욕심에서 비롯된 선천의 그릇된 기운을 모두 물러가게 하시고 [정음정양]의 운을 성공시키시기 위하여 [이윤의 도수와 문왕의 도수]가 있기 때문입니다.

[남이 모르는 공부를 깊이 많이 하여두라] 하심도 [정음정양]의 바른 도법을 두고 하신 말씀입니다.

제가 판밖에 나와 글을 쓰고 책까지 내게 된 것도 모두 [상극지리라] 하신 웅패의 기운을 물러가게 하고 [정음정양]의 운을 시작시키기 위하여 하는 것이며 옥황상제님께서 보신 [잠룡지각도수]에 따라 그동안 이해하게 된 부분을 바탕으로『중화경 주해』에 이어『상서가 무르녹는 지상 선경으로 가는 길』을 발간 하게 되었으며 내용을 4부로 분류하였습니다.

1부는 구천상제님께서 보신 공사이고 2부는 옥황상제님께서 보신 공사이며 3부는 제가 십여 년 동안 써온 글 중에서 선정하였지만 거의 다시 쓰다시피 하였으며 4부는 「춘산 채지가」를 수록하였습니다.

도인들이 채지가 읽기를 즐겨 하기도 하지만 채지가의 내용이 실제로는 [후천 선경세상을 열 조화정부]가 출범하고 도인들이 [무극시태극]의 진법을 공부하고 수행하여 소원성취를 이루는 과정인 줄을 모르고 있는 것이 현실인 것입니다.

채지가를 수록하게 된 것도 이 때문이며 부디 상제님께서 때가 되면 [조화정부를 세우시어 민생들과 신명들을 구원하시는 도수를 깊이 이해하시고 [무당의 집]에 참여하여 소원성취하시기 바랍니다.

2024년 여름

裵哲敎

목차

제3부

수도의 진리 … 173

제4부

춘산 채지가 … 287

제1부

구천상제님께서
보신 공사

우리의 일은 남을 잘되게 하는 공부이니라. 남이 잘되고 남은 것만 차지하여도 되나니 전명숙이 거사를 할 때에 상놈을 양반으로 만들고 천인을 귀하게 만들어주려는 마음을 두었으므로 죽어서 잘되어 조선 명부가 되었느니라.

선천의 상극운이 다 되고 [새로운 기틀]이 열려 새로운 운과 법이 시작되는 것이 교운(敎運)과 교법(敎法)이며 도전님께서 여기에 해당이 되는 상제님 말씀과 공사를 모아놓으신 것입니다.

상제님께서 말씀하신 남이란 말씀 그대로 남이고 서로 자기 식구, 자기 쪽을 위해주는 것이 아니라 음양 두 기운이 서로 상대에게 덕을 베풀어 합덕하고 조화가 이루어지는 道의 바른 용(用)을 두고 하신 말씀입니다.

선천기운은 남을 잘되게 하는 기운이 아니라 서로 편을 갈라 이기고자 하는 기운이고 결국은 상대를 해치게 되는 기운이므로 상극이라 하신 것입니다.

현 세상의 모든 기운도 서로 자기 쪽을 위하고 남과는 이기고자 하는 기운이 아니고 무엇이겠으며 이와 같은 선천의 상극운이 물러가고 상생운이 시작되는 것이 교운과 교법인 것입니다.

자신이나 자기 쪽의 이로움을 도모하는 사심이 없이 서로 상대에게 덕을 베풀 수 있어야 음양합덕의 진리가 실현이 될 수 있는 것은 당연한 일인 것입니다.

서로 자기 쪽을 위하고자 하면 백 년 천 년이 지난다 하여도 반목과 불화가 생기게 되는 것은 당연한 일이 아니고 무엇이겠으며 결국은 서로 잘못되게 만드는 선천의 그릇된 관념을 버리고 서로 잘되게 만드는 道의 바른 진리를 공부하는 것이 교운과 교법이니 교법 첫 장에 이 글을 넣으신 것입니다.

[해원상생 보은상생]이라 하심도 이와 같은 道의 진리를 두고 하신 말씀이며 자기 쪽에 치우침이 없이 서로 상대에게 덕을 베풀 수 있다면 세상에 반목과 불화가 어찌 있을 수가 있겠으며 앞으로 오는 세상이 상생만 하는 세상이라 하심도 이와 같은 道의 진리가 실현이 되기 때문입니다.

나의 일은 남 죽을 때 살자는 일이요 남 살 때에 영화와 복록을 누리자는 일이니라. 그러나 그 근본은 언제나 남을 잘되게 함에 있느니라.

옥황상제님께서 [나와 남이 없어야 하고 더욱이 남이 잘되기를 바라야 하느니라] 하심과 같이 道는 나와 남이라는 사가 없어 치우치지 않을 뿐만 아니라 상대에게 더 가는 것이 道의 바른 용(用)인 것입니다.

집단 간 나라 간까지도 자기 쪽에 치우치지 않을 뿐만 아니라 상대에게 덕을 베풀 수 있는 기운이며 선천에서는 이와 같은 道의 진리와 상반된 기운이 지배하는 세상이 되어 절대로 현실에서 행해질 수 없었던 세상이지만 앞으로 오는 세상에서는 현실에서 실현이 되므로 상생만 하는 세상이라 하시고 인류가 한집안 식구처럼 된다고 하신 것입니다.

사람의 불완전한 마음으로 이와 같은 道의 경지에 이르기가 어려운 일이라 하여도 최소한 道가 이와 같이 용사하여 음양 두 기운을 합덕 조화시키는 존재라는 것을 이해하고 선천의 그릇된 기

상서가 무르녹는 지상 선경으로 가는 길

운을 버리고자 하여야 되는 것입니다.

서로 자기 쪽에 치우치면 어찌 반목과 불화가 안 생길 수가 있겠으며 상극이 없는 세상이 어찌 가능할 수가 있겠습니까?

앞으로 오는 세상에서는 大道가 천하 사람들 마음에서 사사로운 욕심을 모두 소멸시키므로 천하 사람들이 모두 道의 바른 진리를 행할 수 있게 되는 것입니다.

현 세상의 기운은 모두 서로 자기 쪽을 위하고자 하는 사람의 편벽된 정일 뿐이고 온갖 반목과 불화를 일으키는 상반된 기운일 뿐이지 道의 기운이 되지 못하는 것입니다.

그동안의 도문안의 기운도 세상과 같은 기운이지 어찌 다른 기운이겠으며 서로 자기 쪽만 옳고 중한 줄 알고 서로 반목하고 상대를 비난하면 세상에도 같은 마음이 전해질 뿐이니 도대체 무슨 복이 될 수가 있겠습니까?

도인들이 선천의 상극된 인습을 모두 버리고 온 세상에서 끊어져 천하가 모두 병이 들게 되었다 하신 무극의 체를 체득하여 현실에서 실천할 수 있으면 항시 동정순환하는 道의 지극한 덕이 천하 사람들뿐만 아니라 금수 초목, 삼라만상에 두루 전해지게 되는 것이니 그 공덕이 헤아릴 수 없는 것입니다.

당연히 선경의 무궁한 복록과 수명이 道의 바른 진리를 체득하여 용(用)하는 데 있는 것입니다.

정히 옳도다 음과 양을 말할 때 음 자를 먼저 읽나니 이는 지천태(地天泰)이니라. 이 종이를 뜯을 날이 속히 이르러야 하리라.

상제님께서 약방 벽 위에 [士農工商(사농공상) 陰陽(음양) 氣東北而固守(기동북이고수) 理西南而交通(이서남이교통)]과 그 밖의 여러 글을 많이 써 붙이시고 백지로 배접하신 후에 김자현에게 뜻 가는 대로 사발을 대고 배접한 종이를 오려내게 하시니 음(陰)이 나타나므로 하신 말씀입니다.

선천은 역에서 말하는 천지비(天地否)의 상극운이고 후천은 지천태(地天泰)의 상생운이며 세월이 흘러 천지비의 상극운이 속히 물러가고 지천태의 상생운이 속히 와야 된다는 말씀입니다.

역에서 말하기를 [임금은 호통을 치고 백성들은 입을 다물고 힘들어한다] 하는 것이 곧 [천지비]이며 상제님께서 [상극지리]라 하심도 이 기운을 두고 하신 말씀입니다.

[지천태]는 음을 높이고 낮은 기운을 높여주는 기운이며 강한 기운이 약한 기운을 우대해주고 높여주고자 하면 천하에 상극이

상서가 무르녹는 지상 선경으로 가는 길

생길 이유가 없는 것입니다.

선천은 강자가 약자를 위세와 권력으로 다스리고 집단 간에도
같아 강한 나라가 약한 나라를 무력으로 지배하고자 하는 기운이
되어 천하가 모두 상극하는 운이 된 것이며 후천 선경은 음을 높
이고 약한 기운을 우대해주는 기운이고 집단 간에도 같은 기운이
되게 되므로 모두 상생하는 운이 되는 것입니다.

결국은 천지비는 천하가 모두 상극하게 만드는 기운이고 지천태
는 천하가 모두 상생하게 만드는 기운인 것입니다.
상제님께서 아무리 천한 사람이라 하여도 존대해주심과 같이
약하고 낮은 사람을 높여주고 우대해주시고자 하시는 것이 하늘
의 도덕입니다.

제생의세(濟生醫世)는 성인의 道요 재민혁세(災民革世)는 웅패
의 술이라.

이제 천하가 웅패에게 시달린 지 오래인지라. 내가 합덕지
리와 상생의 道로 화민정세하리니 새 세상을 보기가 어려움
이 아니라 마음 고치기가 어려움이니라.

선천과 후천은 서로 비슷한 세상도 아니고 상반된 세상인 것입
니다.

선천은 세상 어디에서나 편을 갈라 다투고 이기고자 하는 기운
이지만 후천 선경은 선천처럼 우리 쪽이니 남의 쪽이니 하여 편을
가르지 않으므로 세계일가가 이루어지고 천하가 한집안처럼 된다
하셨으며 선천은 上下의 위계를 세워 사람을 다스리는 세상이지만
후천 선경은 정음정양의 운이고 높고 낮음이 없이 서로 자기 할 도
리를 바르게 하여 조화가 이루어지는 세상인 것입니다.

당연히 새 세상을 보고자 한다면 道의 진리와 상반된 선천기운
을 모두 버릴 수 있어야 되는 것입니다.

[濟生醫世]는 민생들의 목숨을 구원하고 병든 세상을 치유한다

는 뜻이시며 [災民革世]는 백성들에게 재앙을 끼치고 세상을 개혁을 하려는 기운을 두고 하신 말씀입니다.

선천의 웅패들이 세상을 바로잡는다는 명분으로 인류에게 온갖 화를 끼쳤던 세상이 아니고 무엇이겠으며 선천세상이 사람을 바르게 만든다는 구실로 으레 매로 가르치던것도 모두 같은 기운인 것입니다.

요즈음 세상에 체벌을 금지시키는 것도 모두 [재민혁세]의 웅패의 기운을 물러가게 하시는 구천의 도수인 것입니다.

道는 근본적으로 경(敬)에 근본을 두는 기운이므로 상대를 높여주고 존중해주는 기운인 것이며 나에 대한 마음이나 남에 대한 마음이 치우치지 않는 것이 도심(道心)인 것입니다.

하물며 그와 같은 방법으로 어찌 상대에게 道의 바른 기운이 전해질 수가 있겠으며 오히려 상반된 기운을 심어주는 것에 불과한 것입니다.

[합덕지리, 상생지도]라 하심도 결국은 지천태(地天泰) 기운을 두고 하신 말씀이며 하물며 선천의 그릇된 기운을 버리지 못하면 어찌하겠으며 반드시 원시반본하는 마음 공부를 하여 수천 년 동안 상극세상에서 살아오면서 몸과 마음에 깊이 배어 있는 상극된 기운을 모두 버릴 수 있어야 선경의 무궁한 운수를 체득할 수 있게 되는 것입니다.

이제 모든 선령신들이 발동하여 그 선자선손을 척신의 손
에서 빼내어 새로운 운수길로 인도하려고 바쁘게 서두느니라.

당연히 조상 선령실들이 도문에 들어오도록 하는 것을 두고 하
신 말씀인 줄 알지만 실제로는 상극이 지배한 선천운이 다 되고
선경의 대운이 시작이 될 때를 두고 하신 말씀입니다.
[새로운 운수길]이라 하심도 [세계일가]가 이루어지고 상생만 한
다는 세상의 새로운 도덕을 체득할 수 있는 길이라는 말씀입니다.

수도를 하는 것도 결국은 후천 선경의 대운을 얻기 위하여 수도
를 하는 것이 아니고 무엇이겠으며 선천과 후천은 서로 상반된 기
운이 주도하는 세상이므로 당연히 선천기운 속에서는 후천 선경의
운수가 전해질 수가 없는 것입니다.
천지비(天地否)의 기운 속에서 이와 상반된 지천태(地天泰)의 기운
이 어찌 전해질 수가 있겠으며 上下의 위계를 세우는 기운 속에서
어찌 [정음정양]의 기운이 전해질 수가 있겠으며 당연히 새로운 기
틀이 열려야 새 세상의 운수도 전해질 수 있게 되는 것입니다.

상서가 무르녹는 지상 선경으로 가는 길

상제님께서 [상생의 道로써 후천 선경세상을 열 조화정부를 세워 무위이화와 불언지교로 화민정세하리라] 하심과 같이 [조화정부] 공사가 이루어져야 후천 선경의 대운도 전해지게 되는 것이며 [새로운 운수길]이라 하심도 이를 두고 하신 말씀입니다.

예로부터 길성소조(吉星所照)라 하여 길성을 구하러 다니나
길성이 따로 있는 것이 아니니라.

때는 해원시대이므로 덕을 닦고 사람을 올바로 대우하라.

여기서 길성이 빛이 나니 이것이 파난하는 길이니라.

상제님 공사 중에 [해원시대를 맞이하여, 해원시대를 당하였으
니] 하는 구절이 있는 것이 모두 선천에서 인간 사물을 지배하였다
하신 상극의 기운이 물러가고 새로운 운이 시작이 될 때를 두고
하신 말씀입니다.

그동안도 천하 사람들이 모두 원을 푸는 해원하는 세상이지만
상제님께서 [인류가 선천개벽 이래 상극운에 갇혀 살아왔느니라]
하심과 같이 수천 년 동안 인류를 억압하였던 웅패의 기운을 거두
시고 새로운 운이 시작될 때를 두고 하신 말씀입니다.

선천은 세상 어디에서나 위계를 세우고 윗사람이 위무로 밑의
사람을 다스리는 기운이 주(主)가 된 세상이 아니고 무엇이겠으며
이와 같은 세상에서 수천 년 동안 살아와 몸과 마음에 밴 그릇된
인습을 버리고 상대를 자신과 다르지 않은 인격체로 여기고 올바

로 대우하여야 개벽시기에 화를 피할 수 있는 방법이라는 말씀입니다.

지금은 해원시대이니라. 양반을 찾아 반상의 구별을 가리는 것은 그 선령의 뼈를 깎는 것과 같고 망하는 기운이 따르느니라. 그러므로 양반의 인습을 속히 버리고 천인을 우대하여야 척이 풀려 빨리 좋은 시대가 오리라.

상제님께서 재세시의 양반사회를 두고 하신 말씀이 아니라 후에 새로운 운과 법이 시작이 될 때 도인들에게 하신 말씀인 것입니다. 도전님께서 교법 첫 장에 이 글을 넣으심도 이 때문인 것입니다.

전경에서는 [교운을 보리라] 하셨지만 상제님께서는 [도운을 보리라] 하심과 같이 교운과 교법이 곧 도운과 도법인 것입니다.

上下의 위계로 세상을 다스리던 웅패의 기운이 물러가고 [상생의 道]라 하신 성인의 道가 시작이 되는 것이 교운과 교법이며 이때부터 道의 바른 기운이 전해지게 되고 道의 진리에 맞는 올바른 법이 시작이 되는 것이 교운과 교법인 것입니다.

수도하는 사람들이 선천 수천 년 동안 上下의 위계를 세워 사람을 다스리는 기운 속에서 살아와 이를 바르게 하는 것이 道를 행하는 것으로 착각하기도 하지만 道의 體(체)는 터럭만큼도 치우치

상서가 무르녹는 지상 선경으로 가는 길

지 않는 기운이므로 이를 中이라 하는 것이며 마음이 치우치지 않으니 음양 두 기운이 하나처럼 되어 합덕하고 조화가 이루어지게 되는 것이 곧 태극이 되는 것이고 道의 용(用)이 되는 것입니다.

당연히 [정음정양]이 道의 진리이며 교운과 교법도 上下의 위계로 사람을 다스리던 기운이 물러가고 [정음정양]의 도법이 시작이 되는 것입니다.

상제님께서 [요순의 道가 다시 나타나리라] 하심도 [교운]과 [교법]이 곧 요순의 道가 다시 시작이 되는 것입니다.

[서전서문]의 精一執中(정일집중), 建中建極(건중건극)이 곧 [정음정양]이며 [무위이화]라 하심도 터럭만큼도 치우치지 않는 道의 진리에 의하여 개인 간 집단 간까지도 합덕 조화가 이루어져 자연히 질서가 이루어지는 것을 두고 하신 말씀입니다.

상제님께서 [상극지리]라 표현하신 웅패의 기운이 수천 년 동안 인간 사물을 지배하여 으레 위계를 세우던 선천의 그릇된 기운을 모두 버리고 [정음정양]의 하늘의 바른 도덕이 실현이 되었던 시절로 다시 돌아가는 것이 곧 [원시반본]인 것입니다.

상제님께서 [선천은 인간 사물이 모두 상극에 지배되어…] 하심도 위계와 위무로 사람을 다스리던 선천기운을 두고 하신 말씀입니다.

당연히 道의 바른 운이 시작이 되면 上下의 위계를 세우고 아랫사람을 권위와 위세로 대하기도 하던 인습을 모두 버려야 되므로 양반의 인습을 속히 버리라 하신 것이며 아랫사람이라도 우대해주고자 하여야 상제님께서 [선천은 상극지리가 인간 사물을 맡아 모든 인사가 도의에 어그러져 원한이 쌓이고 맺혀 三界를 채웠으니…] 하신 척이 풀리게 되고 선경세상이 속히 오게 된다는 말씀입니다.

자손이 선천의 그릇된 인습을 버리고 새 세상의 운수를 얻어야 선령신들도 같이 얻을 수가 있는 것입니다.

하물며 자손이 선천기운을 버리지 못하면 어찌하겠으며 선령신들의 뼈를 깎는 것과 같다 하심도 이 때문에 하신 말씀입니다.

상서가 무르녹는 지상 선경으로 가는 길

남에게 의뢰하는 근성을 버릴 것이며 남의 종지기 근성에서 벗어나라. 사람의 인격으로 어찌 그럴 수 있으리오.

상제님께서 [너희들이 남에게 의지하여 운수를 구하려 한다면 내가 아무리 너희를 구원하고자 하여도 미치지 못하리라] 하셨으며 한 종도가 벽에 기대고 있는 것을 보시고 [선천은 남에게 의지하여 망하나니 너희는 하다 못해 벽에라도 기대치 말라] 하셨습니다.

운수는 다른 것이 아니라 도의 체이며 상제님 도덕인 영(靈)을 체득하는 것이 운수를 얻는 것이며 천하의 병세도 인류가 이를 잃어버린 것이 병세인 것입니다.

당연히 털끝만 한 사가 없어 천하평을 이루게 하실 수 있는 상제님 도덕을 마음에 모시기 위해서는 상극세상에서 물든 선천의 그릇된 인습을 모두 버릴 수 있어야 되는 것입니다.

하물며 어찌 남에게 의지하여 상제님 도덕을 체득할 수가 있겠으며 [선천개벽 이래 인류가 상극운 속에서 갇혀 살아왔다] 하심과 같이 선천법은 윗사람이 시키는 대로 하던 것이 선천기운이지만 앞으로 오는 세상은 남을 수하에 두고 통제하는 세상이 아니라 각자 자기 할 도리를 바르게 하여 서로 조화가 이루어지는 세상인 것입니다.

당연히 남을 수하에 두고 통제하던 선천의 그릇된 인습도 버려야 되며 선천세상 내내 웅패들의 구속 속에서 살아와 맹목적으로 믿고 추종하던 선천의 그릇된 인습도 버려야 되는 것입니다.

사람도 어른이 되기 전에는 부모의 통제 속에서 성장을 하지만 어른이 되면 부모의 구속에서 벗어나 자기 스스로 살아가야 되는 법이며 천지의 운수도 이와 같이 때가 되면 하늘이 선천의 그릇된 구속을 모두 거두시고 각자 자기 할 도리를 바르게 하여 조화가 이루어지게 하는 것입니다.

하물며 선천의 그릇된 인습을 버리지 못하면 어찌하겠으며 자신뿐만 아니라 타 도인들의 운수도 그르치게 만들게 되는 것입니다.

상제님께서 [선천은 남에게 의지하여 망한다] 하심도 선천의 미성숙된 인습에서 벗어나지 못하는 도인들을 두고 하신 말씀입니다.

선천과 후천은 서로 상반된 세상이며 당연히 선천의 그릇된 인습을 하나부터 열까지 모두 버릴 수 있어야 선경의 대운을 얻을 수 있는 것입니다.

하물며 스스로 노력을 하지 않고 윗사람에게 의지하여 어찌 선경의 새로운 도덕을 체득할 수가 있겠으며 결국은 실패하게 된다는 말씀입니다.

도전님께서 때가 되면 선각이 척이 되고 동료들이 모두 척이 될 때가 있다 하시고 아무리 선각이라 하여도 내 앞길을 막으면 용서해주지 말아야 한다 하심도 웅패가 주도하던 선천운이 다 되고 선경의 대운이 시작될 때를 두고 하신 말씀입니다.

선천에서는 상극지리가 인간 사물을 맡았으므로 모든 인사가 도의에 어그러져 원한이 맺히고 쌓여 三界에 넘치매 마침내 살기가 터져 나와 이 세상의 모든 참혹한 재앙을 일으켰느니라.

그러므로 이제 천지도수를 정리하고 신도를 조화하여 만고의 원한을 풀며 상생의 道로써 후천 선경을 열 조화정부를 세워 무위이화와 불언지교로 화민정세하리라.

상제님께서 [상극지리]라 하심이 곧 天下 上下神을 두고 하신 말씀입니다.

선천세상이 세상 어디에서나 위계를 세우고 위무로 사람을 복종토록 만들어 다스리는 기운이 되어 모든 인사가 도의에 어그러지게 되고 약한 사람들이 폭력에 시달리기도 하여 수많은 원한이 쌓이게 되고 이 세상의 모든 참혹한 재앙이 이로 비롯되었다는 말씀입니다.

상제님께서 선천에서는 인간 사물이 모두 상극에 지배되었다 하심도 이와 같은 기운을 두고 하신 말씀입니다.

상서가 무르녹는 지상 선경으로 가는 길

道의 진리는 음양 두 기운이 본래는 둘이 아니고 하나인 것이 진리이므로 이와 같은 道의 이치에 따라 음양이 서로 덕성을 합하여 합덕하고 조화가 이루어져 낳고 낳는 이치로 만상 만유를 이루는 것입니다.

결국은 나와 남이 본래는 하나에서 비롯된 둘이므로 이에 합당케 하는 것을 도리(道理)라 하는 것이며 집단 간 나라 간까지도 이치는 같은 것입니다.

하물며 上下의 위계를 세우고 강압과 위무로 자신에게 복종토록 만들어 다스리는 기운이 어찌 도리에 맞을 수가 있겠으며 결국은 상대를 자신과 같은 존재로 여길 줄 모르는 무도한 마음에서 비롯되는 기운인 것입니다.

선천세상이 강한 나라가 약한 나라를 저희들에게 복종토록 만들어 지배하고자 하던 기운도 모두 같은 기운이 아니고 무엇이겠으며 당연히 道의 진리와 상반된 기운인 것입니다.

수도하는 사람들이 선천 수천 년 동안 이와 같은 기운 속에서 살아오고 같은 기운 속에서 선천법으로 수도를 하여 상제님께서 [상극]이라 하신 기운 속에서 수도를 하고 있는지는 모르고 있는 것이 현실인 것입니다.

[이제 천지도수를 정리하고 신도를 조화하여 만고의 원한을 풀며 상생의 道로써 후천 선경을 열 조화정부를 세워 무위이화와 불

언지교로 화민정세하리라] 하심이 당연히 [상극지리]의 기운을 물러가게 하시고 이로써 만고의 원한을 풀게 하신다는 말씀입니다.

[상생의 道]라 하심이 곧 [정음정양]의 진법을 두고 하신 말씀이며 터럭만큼도 치우치지 않아 개인 간 집단 간에도 같이 여길 수 있는 中이라 하신 상제님 도덕을 근본으로 하여 후천 선경세상을 열 조화정부를 세우시어 온 세상에 상제님 도덕이 전해지고 전해지게 하여 [화민정세]하신다는 말씀입니다.

요즈음 세상에 누구나 상생을 주장하고 도문안에서도 서로 상생의 道를 내세우지만 그동안의 기운이 어찌 상생의 道가 될 수가 있겠으며 [조화정부]가 출범하여 [정음정양]의 바른 도법이 시작이 되어야 진짜 [상생의 道]가 시작이 되는 것입니다.

상제님께서 [후천 선경세상을 열 조화정부]라 하셨지만 후천 선경세상을 무슨 수로 열 수가 있겠으며 [천지에 수기가 돌 때는 만국 사람이 배우지 않아도 통어하게 되나니 와지끈 소리가 나리라] 하심과 같이 수기를 돌려 선경세상을 열게 되는 것입니다.

상서가 무르녹는 지상 선경으로 가는 길

명부의 착란에 따라 온 세상이 착란하였으니 명부공사가
종결이 되면 온 세상의 일도 해결이 되느니라.

상제님께서 [선천은 인간 사물이 모두 상극에 지배되어 원한이
쌓이고 맺혀 三界를 채웠으니 천지가 상도를 잃어 갖가지 재화가
일어나고 세상은 참혹하게 되었도다] 하셨으며 [명부의 착란]이라
하심이 상극의 기운이 명부를 지배하여 인간 사물이 모두 이 기운
에 지배를 받아 천하 사람들이 道의 진리와 상반된 그릇된 관념을
갖게 된 것을 두고 하신 말씀입니다.

세상에도 상극의 기운이 가장 강한 사람들은 폭력으로 남의 것
을 빼앗는 기질을 가지고 있는 군생들이며 이들은 中이라는 道의
기운이 전혀 없어 사람 간에 위아래를 분명히 하고 으레 폭력으로
사람을 복종토록 만들며 마음이 극히 편벽되고 치우쳐 저희끼리
는 지극히 위하고 남과는 적대시하며 이들의 세계에서는 우리 쪽
이건 남의 쪽이건 치우치지 않아 같은 존재로 여겨 서로 돕고 화합
할 수 있는 道의 진리는 오히려 죄악시되는 것입니다.

선천 수천 년 동안 주변에 있는 나라가 자신들보다 약하다 싶으면 쳐들어가 남의 백성들에게 참혹한 화를 끼치고 남의 땅과 재물을 빼앗던 일이 다반사였던 선천세상도 이와 별반 다를 것이 없는 기운이 아니고 무엇이겠으며 선천세상이 사람의 마음이 악하여 이와 같은 세상이 된 것이 아니라 세상을 무력으로 지배하고자 하는 삿된 욕심을 가지고 있는 웅패의 기운이 천하 사람들 마음을 지배하였기 때문입니다.

앞으로 오는 세상에서는 털끝만 한 사가 없이 누구에게나 은혜를 베푸시는 상제님 도덕이 인간 사물을 지배하게 되므로 상생만 하는 세상이 이루어지고 악이 없는 세상이 이루어지는 것입니다.

[명부공사가 종결이 되면 온 세상의 문제가 해결되느니라] 하심도 상극의 기운이 명부에서 물러가고 상생의 기운으로 바뀌면 이 기운이 온 세상을 주도하게 되므로 하신 말씀입니다.

하물며 선천 수천 년 동안 [걸악]이라 표현하신 웅패의 상극이 지배하는 세상에서 살아왔으니 어찌 원시반본하는 공부를 하지 않고 천하평을 이루실 수 있는 [무극시태극]의 진리를 체득할 수 있겠으며 누구라도 원시반본하여 선천의 그릇된 인습을 버리지 않고는 성공할 수가 없는 것입니다.

선천에서는 위무로써 보배로 삼아 복과 영화를 이에서 구하였나니 이것이 상극의 유전이니라. 아무리 좋은 것이라도 쓸모가 없으면 버리고 천한 것이라도 쓸모가 있으면 취하느니라. 이제 서양에서 건너온 무기의 폭위(暴威)에는 대항할 수 없어 겨룰 수 없으니 전쟁은 장차 끝나리라. 그러므로 모든 무술과 병법을 멀리하고 의통(醫統)을 알아서 사람을 많이 살리면 보은줄이 찾아들어 영원한 청복을 누리리라.

의통(醫統)이 곧 천하 사람들을 구원할 약이고 천하 사람들이 道를 잃은 것이 병세이지 무엇이 병세이겠으며 당연히 道가 의통인 것입니다.

상제님께서 得其有道(득기유도) 則大病勿藥自效(즉대병물약자효) 小病勿藥自效(소병물약자효)라 하심이 [그것을 얻으면 道가 있게 되고 즉 대병도 자연히 낫게 되고 소병도 자연히 낫게 된다]는 말씀으로 그것이 곧 의통인 것입니다.

그것이 곧 온 세상에서 고갈이 되었다 하신 [물기운]이고 靈源出(영원출)의 靈을 두고 하신 말씀이며 靈에 24가지 약의 정(精)을 부여하셨으므로 의통이라 하신 것입니다.

道의 체인 靈이 마음에 들어서야 비로소 사람의 행위에 道가 있게 되고 대병과 소병이 자연히 물러가게 된다는 말씀입니다.

道는 일월이 항시 순환하면서 만물을 비추듯이 항시 동정순환하면서 기운이 전해지는 존재이며 이와 같은 道의 상서로운 기운이 내 몸에서 순환이 되어야 내 몸을 구성하고 있는 수많은 기관이 바르게 조화를 이루어 나를 해치는 나쁜 기운이 물러가게 되는 것입니다.

세상에도 마찬가지로 이와 같은 상제님 도덕기운이 순환이 되어 천하 사람들 마음에 항시 전해지게 되면 서로 반목과 불화하는 기운이 점점 물러가게 되고 서로 돕고 화합하는 운으로 점점 바뀌게 되는 것입니다.

현재는 온 세상이 道를 잃어 오직 자신이나 자기 쪽의 이로움을 도모하고자 할 뿐이니 온갖 반목과 불화가 어찌 안 생길 수가 있겠으며 이 때문에 인류가 병겁이라는 大재앙을 맞게 되는 것입니다.

상제님께서 의통을 알아 사람을 많이 살리면 보은줄이 찾아든다 하심도 道의 체인 상제님 도덕을 체득하여 세상 사람들에게 가르치고 전하는 것을 두고 하신 말씀이 아니고 무엇이겠으며 당연히 자신부터 편벽되고 치우쳐 온갖 반목과 불화를 일으키는 인심을 극복하고 태극의 원리로 음양을 합덕 조화를 시킬 수 있는 中

이라 하신 상제님 도덕을 체득할 수 있어야 세상 사람들도 구원해 줄 수가 있는 것입니다.

　그동안의 선천법으로 수도를 하는 도문안의 기운도 세상 기운과 같은 기운이지 어찌 다른 기운이라 할 수가 있겠으며 당연히 의통이 전해지는 진짜 도운은 앞으로 오는 것입니다.

　[상극의 유전]이라 하심도 으레 위무로 사람을 다스리는 웅패의 기운이 대대로 전해져오는 것을 두고 하신 말씀이며 그동안의 도문안의 기운도 모두 상극지리의 기운이 주도하는 같은 기운인 것입니다.

◆

知天下之勢者 有天下之生氣 暗天下之勢者 有天下之死氣

천하의 형세를 아는 사람은 천하의 사는 기운이 있고 천하
의 형세를 모르는 사람은 천하의 죽는 기운이 있느니라.

앞으로 후천 개벽이 오는 것을 아는 것을 말씀한 것이 아니라 세
상의 병세를 아는 것을 두고 하신 말씀입니다.

내가 병에 걸려 있는지 알아야 약도 구하고자 하는 법이며 약기
운이 전해진다 하여도 본인이 마음을 열지 않고 받아들이고자 하
지 않으면 세상 없어도 전해질 수가 없는 것입니다.

상제님께서 [운수에 맞추지 못하면 내종을 이루리라] 하심도 약
기운이 전해질 때 얻지 못하면 잘못된다는 말씀이며 당연히 道가
전해질 때 얻지 못하면 내종을 이루게 된다는 말씀입니다.

상제님께서 신원일에게 [네가 내종(內腫)으로 죽게 되었으니 살리
려 하노라] 하시자 원일이 놀라 아뢰기를 [아무 병도 없습니다] 하
매 [그렇지 않으니 국수를 사서 잘 말아오라] 하시니라.

원일이 하명대로 하니 한 그릇을 먹이시고 말씀하시길 [속이 어

상서가 무르녹는 지상 선경으로 가는 길

떠하냐] 하시니 [별로 다른 일이 없사옵니다] 하매 다시 한 그릇을 먹이시니 [속이 쓰리나이다] 하므로 [대변을 보고 살펴보라] 하시니라.

원일이 대변을 보고 살펴보니 전부 고름이니라.

상제님께서 이와 같은 공사를 보심은 대병에 걸려 사경에 이르게 되어도 본인은 전혀 느끼지 못한다는 것을 가르쳐주시기 위하여 공사를 보신 것입니다.

상제님께서 [천하 창생들이 진멸지경에 닥쳤음에도 조금도 깨닫지 못하고 오직 재리에만 눈이 어두우니 어찌 애석하지 않으리오] 하심과 같이 세상 사람들이 대병에 걸려 진멸지경에 이르렀음을 어찌 알겠으며 하물며 아직 온 세상에서 끊어지고 고갈이 되었다 하신 물기운이 전해지지도 않았는데도 앞으로 병겁이 닥쳐온다는 것을 알고 있는 수도인들은 우리는 안전하다고 어찌 장담할 수가 있겠습니까?

[바리데기]의 바리공주가 마지막에 물을 얻어 부왕을 살려낸 것처럼 수도하는 사람들도 종국에 가서는 [물기운]을 체득할 수 있어야 비로소 대병에서 벗어나게 되는 것이며 세상 사람들도 구원해줄 수가 있고 조상신들도 구원해줄 수가 있는 것입니다.

世無忠 世無孝 世無烈 是故天下皆病

『중화경 주해』에서도 병세에 대하여 자주 언급을 하였지만 병세를 이해하는 것이 가장 중요한 일이므로 이번에도 병세를 자주 되풀이하여 언급하게 되는 것은 어쩔 수 없는 일입니다.

수도하는 사람들이건 누구이건 간에 병세를 깊이 이해하여야 [대병지약]이 무엇인지 이해하게 되는 것은 당연한 일입니다.

천지 안에 존재하는 것은 모두 태극의 이치가 있어야 존재하고 살아갈 수가 있는 것입니다.

상극이라 하심은 음양 두 기운이 서로 대립하고 해치게 되는 기운이며 이와 같은 상극의 기운이 수천 년 동안 온 세상을 지배하여 이로 비롯된 원한이 온 천지에 가득 채워져 음양을 합덕 조화를 시키는 기운이 고갈이 된 것이 대병입니다.

道의 용을 태극으로 표현하듯이 태극의 형상이 음양 두 기운이 순환하는 형상이 아니고 무엇이겠으며 이와 같이 道는 지극한 기운이 항시 동정순환을 반복하면서 아주 미세한 것에서부터 온 천지에까지 전해져 음양 두 기운을 합덕 조화를 시키는 것입니다.

귀신이라 하신 道의 체는 나와 남이라는 사가 전혀 없이 오직 덕을 베푸는 지극한 기운 자체일 뿐이니 사람도 이와 같은 기운을 얻을 수 있으면 개인 간뿐만 아니라 집단 간, 나라 간까지라도 합덕하고 조화를 이룰 수 있게 되는 것은 당연한 일인 것이며 이와 같은 기운이 항시 삼라만상에 전해져 음양을 합덕 조화를 시키는 것입니다.

상제님께서 충, 효, 열이라 하심도 이 기운을 두고 하신 말씀입니다.

천지에 수기가 돌지 않으면 천하 사람들 내면에서도 같은 것입니다.

三界가 모두 진멸지경에 이르게 되었다 하심과 같이 실제로는 극히 심각한 일이지만 천하 사람들이 이를 피부로 느끼지 못하고 있는 것입니다.

무극주이신 상제님께서 몸소 인세에 오셨다 하여도 수천 년 동안 쌓이고 쌓인 원한으로 인하여 서로 적대시하고 해치고자 하는 상극의 기운이 천지에 가득하여 상제님 도덕이 통하려야 통할 수 없는 세상이 되어 [온 누리가 멸망하게 되었다고 하신 것입니다.

당연히 상제님께서 먼저 해원공사를 보시어 원한을 풀게 하시는 공사를 보신 것입니다.

하물며 천지에 가득 채우고 넘쳤다는 원한이 풀리고 풀려 집단 간 나라 간까지라도 태극의 원리로 조화시켜 종래에는 [세계일가]를 실현시키실 수 있는 상제님 도덕이 전해지기가 어찌 쉬울 수가 있겠으며 당연히 그만한 시간이 필요할 수밖에 없는 것입니다.

상제님께서 [수기를 돌리리라] 하심도 비로소 때가 되어 물기운을 전해주시고 온 천지에 기운을 돌리시는 공사를 보신 것입니다.

옥황상제님께서 8·15 해방 후에 [천하의 대세는 오늘 일에 그치지 않고 三界가 모두 태극의 원리로 음양이 기동하리니 근역강산이 중심핵이 되리라] 하심도 선천세상을 지배한 웅패의 기운을 거두시는 [해방 해박 도수]로 道의 체이며 상제님께서 귀신이라 표현하신 [물기운]을 전해주시어 귀신의 왕래굴신하는 덕인 誠(충, 효, 열)이 온 천지에 전해지게 하시는 공사를 보신 것이며 당연히 훗날의 도수를 보신 것입니다.

시운 벌가 벌가 기측불원(詩云伐柯伐柯其則不遠)이라. 내 앞에 보는 것이 어길 바 없으나 이는 도시 사람이오. 부재어근(不在於近)이라.

목전의 일만 쉽게 알고 심량 없이 하다가 말래지사(未來之事)가 같지 않으면 그 아니 내한(恨)인가.

상제님께서 [이제 천하에 물기운이 고갈이 되었으니 수기를 돌리리라] 하시고 피란동 안씨 재실에서 공사를 보심이 동곡약방 문위에 [回水氣之藥上房(회수기지약상방)]이라는 글을 붙이도록 하심과 같이 수기를 돌리는 곳이 동곡약방이고 [가활만인지지(可活萬人之地)]라 하심도 이곳을 뜻하시는 것이니 개벽시기에 전란이나 병란같은 재앙이 닥쳐온다 하여도 가장 안전한 곳이므로 [피란동]에서 공사를 보셨을 수도 있는 것입니다.

[수기를 돌리리라] 하심이 곧 온 세상에서 고갈이 되었다 하신 귀신이라 표현하신 [道의 체를 전해주시고 왕래굴신하는 귀신의 지극한 덕을 순환시키신다는 말씀입니다.

귀신이라 하심이 곧 中이란 하신 천명지성의 체를 두고 하신 말씀이며 마음의 체이므로 눈으로 볼 수 있는 존재가 아니라 오직 마음으로 지각할 수 있는 기운인 것입니다.

　하물며 선천운이 天地否의 상극운이 되어 강자가 약자를 권위와 위세로 다스리고 강한 나라가 약한 나라를 무력으로 복종토록 만들어 지배하는 운이 되어 서로 이기고자 하고 경계하고 적대시할 수밖에 없는 기운 속에서 수천 년 동안 살아올 수밖에 없었던 인류가 어찌 우리 쪽이건 남의 쪽이건 분별을 두시는 사가 전혀 없이 은혜를 베푸시는 中이라는 하늘이 부여한 性을 안 잃을 수가 있겠으며 온 세상에서 고갈이 될 수밖에 없었던 것이 선천운인 것입니다.
　당연히 상극이 지배한 선천운이 물러가고 나서야 전해질 수가 있는 것입니다.

　[목전의 일만 쉽게 알고 심량 없이 하다가 말래지사가 같지 않으면 그 아니 내한인가] 하심도 목전의 일만 잘 알고 공사를 받들다가 끝에 가서 상제님을 배신하게 되면 상제님께서도 한스러운 일이라는 말씀입니다.
　종도들에게 서천을 향하여 만수를 외치도록 하심도 세상에서 고갈이 되었다 하신 [물기운]이 서쪽에 있기 때문이시며 상제님께서 [천곡]이라 쓰시고 공사를 보실 때에도 서쪽 하늘에 있는 한 점의 구름이 온 하늘을 덮게 하시는 공사를 보심도 수기가 온 세상에 전해지게 하시는 공사를 보신 것입니다.

그만큼 온 세상에서 고갈이 된 물기운을 다시 전하려면 혈심이 있어야 되기 때문이시며 수도하는 사람들이 道는 당연히 있는 줄 알고 쉽게 말을 하지만 상제님께서 [도운을 보리라] 하시고 옥황상 제님께서는 [3·8 동방 목운을 회선시켜 천하 창생들을 구원할 도 운]이라 하심이 모두 세상에서 고갈이 되었다 하신 [물기운]이 전 해지기 시작하는 것을 두고 하신 말씀입니다. 그만큼 道의 진리와 상반된 상극이 수천 년 동안 지배하던 세상에서 다시 시작시키시 는 것조차도 어려운 것이 현실인 것입니다.

상제님께서 천지공사 마지막 해인 기유년 봄에 이르셔서야 [도운 을 보리라] 하시고 공사를 보심도 때가 되어 웅패의 운이 다 되고 나서야 비로소 [물기운]이 전해질 수가 있으므로 보신 도수입니다.

무극의 체는 억겁의 세월이 지난다 하여도 변함이 없이 항시 동 정순환 왕래굴신하면서 지극한 기운을 온 천지에 두루 전해주는 기운인 것입니다.

현재는 마치 온 세상에 먹구름이 뒤덮고 있어 태양 빛이 전해질 수 없는 것처럼 三界에 원한과 살기가 가득하여 기운이 통할 수 없 게 된 것이 대병인 것입니다.

옥황상제님께서 시학 시법 공부 법방을 짜놓으신 것도 도인들이 장차 주문에 실어 상제님 도덕인 理와 大道의 氣를 온 천지에 순환을 시켜야 상극의 기운이 점점 물러가게 되고 수기가 전해질 수 있게 되기 때문입니다.

때가 되면 공부를 돌리지 않아도 三界에 모두 통할 때가 있는 것이며 이때까지 온갖 척신들이 방해를 이겨내고 공부를 돌려야 되는 것입니다.

시학 시법 공부가 三界를 광구할 뿐만 아니라 천지를 완성시키고 후천 선경이 열리게 하는 공부이므로 당연히 공부에 참여 할 수 있으면 그 공덕도 헤아릴 수가 없는 것이며 공부를 마치면 누구라도 도통의 경지를 찾아 선경에 참여할 수 있게 된다 하심도 이 때문에 하신 말씀입니다.

반대로 척신들의 기운을 받아 공부를 해치려는 사람들의 죄도 헤아릴 수가 없는 것입니다. [물기운]이 전해지는 것이 곧 운수가 전해지는 것인데도 이를 해치고자 하면 어찌하겠으며 이 모두가 道의 진리를 잘못 이해하고 척신들의 기운을 받은 수도인들이 있기 때문입니다.

옥황상제님께서 8·15 해방 수일 전에 [음양합덕의 태극원리 정음정양의 기동이 도수에 이르렀다] 하시고 큰소리로 [태극이 기동하니 만물이 자시자생이로다] 하셨으며 해방 후에는 [오늘 일에 그치지 않고 三界가 모두 태극의 원리로 음양이 기동하리니 근역강산이 중심핵이 되리라] 하심도 모두 [정음정양]의 운이 시작이 되고 나서야 비로소 수기가 三界에 두루 전해지게 되어 태극이 기동이 되는 것을 두고 하신 말씀입니다.

[물기운]이 곧 터럭만큼도 치우치지 않는다는 道의 체이고 이 기운이 음양 두 기운을 정음정양의 이치로 조화시키는 것이 곧 태극이 되는 것입니다.

당연히 上下의 위계로 사람을 구속시키고 다스리는 기운을 물러가게 하시는 [해방도수]로 [정음정양]의 운이 시작이 되는 것이 도운이고 [수기를 돌리리라] 하심도 이를 두고 하신 말씀입니다.

선천 수천 년 동안 上下의 위계를 세우던 기운 속에서 살아오고 같은 기운 속에서 수도를 하여 상제님께서 [상극지리]라 표현하신 기운인데도 이를 道의 용(用)으로 착각하고 있는 것이 현재 도문안의 기운이 아니고 무엇이겠으며 이 때문에 [무극시태극]인 정음정양의 바른 도법이 시작이 될 때 온갖 풍파를 겪게 되는 것입니다.

이제 만날 사람 만났으니 통정신이 나오너라. 나의 일은 비록 부모 형제일지라도 모르는 일이니라. 또 나는 서양 대법국 천개탑에 내려와서 천하를 대순하다가 三界 대권을 가지고 삼계를 개벽하여 선경을 열고 사멸에 빠진 세계 창생들을 건지려고 너의 동방에 순회하던 중 이 땅에 머문 것은 곧 참화 중에 묻힌 무명의 약소민족을 먼저 도와서 만고에 쌓인 원을 풀어주려 하노라.

나를 좇는 자는 영원한 복록을 얻어 불로불사하며 영원한 선경의 낙을 누릴 것이니 이것이 참 동학이니라.

궁을가에 조선 강산 명산이라 도통군자 다시 난다 하였으니 또한 나의 일을 이름이라. 동학 신자 간에 大先生이 갱생하리라고 전하나 이는 代先生이 다시 나리라는 말이니 내가 곧 代先生이로다.

상제님께서 어찌 [代先生(대선생)]이실 수가 있겠으며 모두 훗날의 도수를 보신 것입니다.

옥황상제님께서 [구천상제님은 단주 해원을 위수로 하셨고 나는 초패왕 해원을 위수로 하느니라] 하셨으니 상제님께서 차경석을 데

상서가 무르녹는 지상 선경으로 가는 길

리시고 三十 리를 가서서 박공우를 만나시고 [이제 만날사람 만났으니 통정신이 나오너라] 하심이 누구 누구가 만난 것을 두고 하신 말씀이시겠으며 차경석은 예전의 한 고조이니 상제님께서 만국대장으로 임명하신 박공우는 누구를 뜻하는 것이겠습니까?

후에 알게 된 일이지만 도전님께서 임자년 음력 1월 1일 자시에 중곡도장에 현판식을 거행하심으로 정식으로 종단을 출범시키시고 만 三十 년 후인 2002년 양력 1월 1일에 사명기를 얻어 상제님 공사를 받들던 인물에게 정식으로 인사를 하였으니 이런일이 어찌 모두 우연이라 할 수가 있겠으며 이 모두가 상제님께서 [대진은 一行이 三十리라] 하시고 三十 리를 가서서 만날 사람 만나게 하시는 공사를 보셨으므로 이와 같이 되는 것입니다.

도전님께서 화천하신 후에 누군가에게 권한을 주시어 공사를 받들도록 하심은 당연하신 것입니다.

상제님께서 전명숙과 최수운에게 사명기를 세워주시는 공사를 보심도 권한을 주시어 천명을 받들게 하시는 공사이시며 전명숙이 붙잡힌 곳에서 공사를 보셨으므로 영혼으로나마 위로해주시는 공사처럼 보이지만 상제님 공사는 모두 먼 훗날의 도수를 보시는 것입니다.

그동안 자신에게 별다른 권한이 없어 마음속에 한을 갖고 있는 조선 명부에게 때가 되면 사명기를 주시고 천명을 받들게 하시는 공사를 보신 것입니다.

상제님께서 [이 길이 남조선 뱃길이라] 말씀을 하셨지만 장차 전명숙 장군이 출사를 하여야 진짜 [남조선 뱃도수]가 시작이 되는 것입니다.

상제님께서 장차 남조선 배를 운항할 군자들이 입문하여 수도를 하게 되는 종단이 출범하게 되므로 그와 같이 말씀하신 것입니다.

[일심공부 하올적에 이 배 타기 소원일세] 하는 것도 이때를 두고 하는 말이 아니고 무엇이겠으며 [어렵더라 어렵더라 이 배 타기 어렵더라] 하는 것도 남조선 배에 타기가 결코 쉬운 일이 아니라는 뜻인 것입니다.

도인들이 수도를 하면서 이 중에서 누가 군자인지는 아무도 모른다는 말을 한 번씩 하지만 남조선 배에 타는 도인들이 군자들인 것입니다.

상제님께서 [나를 좇는 자는 영원한 복록을 얻어 불로불사하며 영원한 선경의 낙을 누릴 것이니 이것이 참 동학이니라] 하심은 상제님을 진심으로 믿는 사람들을 두고 하신 말씀이며 자신이나 자기 쪽은 중한 줄 알아도 남들은 그와 같이 여길 줄 몰라 온갖 반목과 불화를 일으키는 인간세상의 삿된 이기심을 버리고 천하를 모두 화합을 시킬 수 있는 상제님 도덕을 온 세상에 전하고자 하는 [남조선 뱃사람]들을 두고 하신 말씀인 것입니다.

[이것이 참 동학이니라] 하신 것은 저마다 속으로는 자신들의 출세를 꿈꾸었던 옛적의 동학과는 다른 진짜 동학이라는 말씀입니다.

현하의 대세가 오선위기와 같으니 두 신선이 판을 대하고 있느니라. 두 신선은 각기 훈수를 하는데 한 신선은 주인이라. 어느 편을 훈수할 수 없어 수수방관하고 다만 대접할 일만 맡았나니 연사에만 큰 흠이 없어 대접만 빠지지 않으면 주인의 책임을 다한 것이니라.

바둑이 끝나면 바둑판과 바둑돌은 주인에게 돌려지리니 옛날 한 고조는 말 위에서 천하를 얻었으되 우리나라는 좌상(坐上)에서 득천하하리라.

상제님께서 한 고조는 말 위에서 천하를 얻었지만 우리나라는 앉은 자리에서 천하를 얻게 된다고 하셨지만 어찌 우리나라가 상등국이 되는 것을 한 고조와 비유하셨겠으며 [병세문]에 [朝鮮國 上計神 中計神 下計神 無依無托 不可不 文字戒於人]이라 하심과 같이 판밖에서 문자로 게어인하여 천하의 대세를 얻게 되므로 앉은 자리에서 천하를 얻게 된다고 하신 것입니다.

[오선위기는 도전님께서 화천하신 후에 도문안의 형세를 두고 하신 말씀입니다.

상서가 무르녹는 지상 선경으로 가는 길

도인들이 [오선위기]를 구한말의 세계정세를 뜻하시는 것으로 알기도 하지만 절대로 그런 것이 아니며 서로 패를 갈라 따먹으려 하나 승부가 나지 않는다는 오선위기가 어찌 구한말의 세계정세에 부합될 수가 있겠으며 더욱이 오래전에 잠시 있었던 세계정세가 도인들에게 도대체 무슨 의미가 있고 대단한 일이라고 도장 벽화에 빠짐이 없이 그려놓으시겠습니까?

현재가 오선위기이며 [단주 해원은 오선위기로부터 대운이 열리리라] 하심도 오선위기에서 大道가 출현하게 되는 것을 두고 하신 말씀입니다.

[최수운을 초혼하여 순창 회문산 오선위기에 장사하노라] 하심과 같이 최수운이 오선위기에 주장이 되어 공사를 받들게 되고 이때 大道가 출현하게 되어 그가 신명공사를 보면서 大道의 주인이 누구인지 알게 되므로 그를 증인으로 세우시는 공사를 보신 것입니다.

하물며 눈으로 볼 수 없는 신명공사를 말을 하지 않으면 세상 누가 알 수가 있겠으며 공사의 실체를 깨닫고 역도를 한다 한들 어찌 알 수가 있겠습니까?

결국은 자신을 한낱 임시 일꾼으로 역사시킨 사실을 비로소 깨닫고 역도를 하게 되므로 판밖에서 일을 꾸며 그의 거짓됨을 밝히는 도수가 있는 것이니 이 인물이 예전에 누구이겠으며 좌상에서 득천하하여 大道가 회룡하게 되면 예전의 한 고조와 상씨름을 벌이게 되므로 한 고조와 비유하여 말씀하신 것입니다.

　상제님께서 [아기판 총각판을 지나 상씨름으로 판을 마치리라] 하심과 같이 상씨름이 시작이 되면 머지 않아 상제님 공사가 성사되는 것이며 도인들도 소원성취를 이룰 수가 있게 되는 것입니다.

　　　　　　　　　　　　　상서가 무르녹는 지상 선경으로 가는 길

속담에 짚으로 만든 계룡이라고 하는데 세상 사람들은 올바로 일러주는 것을 깨닫지 못하는도다.

당연히 도인들의 말을 세상 사람들이 믿지 않는 것을 두고 하신 말씀인 줄 알지만 실제로는 오십이지(五十而知) 사십구년지비(四十九年之非)의 [이윤의 도수]로 판밖에서 일을 꾸밀 때 道의 진리를 전하여도 수도하는 사람들이 이를 받아들이지 않는 것을 두고 하신 말씀이며 짚으로 만든 계룡에 비유하심도 이 때문입니다.

제가 오십이 되던 2009년 말부터 글을 쓰기 시작하였으며 물론 당시에는 제대로 이해하지 못하는 부분도 많이 있었고 상제님 공사도 잘못 알고 있는 부분도 많이 있었지만 그래도 분명히 알게 된 것은 상제님께서 [충, 효, 열이 끊어져 천하가 모두 병이 들었느니라] 하신 기운이 아직도 전해지지 않았다는 것을 알게 되고 수도인들에게 도통할 수 있는 道의 체가 전해지지 않아 누구라도 성도할 수 없다는 것도 알게 되었으며 그동안의 도문안의 기운이 근본적으로 道의 진리에 부합되는 것이 아니라는 것도 알게 되었습니다.

현재 수도하는 사람들도 道의 체가 아직 전해지지도 않았는데도 응당 사람에게는 도통할 수 있는 기운이 있는 줄 잘못 알고 있으며 실제로는 道의 진리와 상반된 선천기운을 道의 진리로 착각하고 있는 것도 마찬가지인 것입니다.

그동안 도인들이 아무리 오래 수도를 하고 열심히 한다 하여도 어찌 道의 진리를 제대로 지각이나 할 수 있었으며 선천기운은 근본적으로 [무극시태극]의 진리와 상반된 상극의 기운이므로 이 기운이 지배하는 세상에서는 추구 자체를 할 수가 없는 것입니다.

선천세상에서 나라 간까지라도 치우치지 않아 서로 덕성을 합하게 만들 수 있는 상제님 도덕이 어찌 현실에서 실현이 될 수 있었던 세상이며 이를 추구하였다간 목숨조차도 보존하기 어려운 것이 선천세상입니다.

그동안 상제님 도문에서 수도하는 도인들도 서로 자기 식구, 자기 방면을 위해주는 것이 당연한 줄 아는 기운이 아니고 무엇이겠으며 안 그러면 이단자가 될 수밖에 없는 기운이 아니고 무엇이겠습니까?

하물며 터럭만큼도 치우치지 않아 천하평을 이루실 수 있는 상제님 도덕을 어찌 추구할 수가 있겠으며 당연히 上下의 위계로 도인들을 통제하던 선천기운이 물러가고 [정음정양]의 운이 시작이 되어야 도인들도 道의 바른 진리를 추구할 수 있게 되는 것입니다.

이제 일본이 서양 사람에게 재주를 배워 서양에 대항하는 것은 배은망덕 줄을 범하는 것이므로 판밖에서 남의 의뢰 없이 남모르는 법으로 일을 꾸미리라.

일본이 미국과 싸우는 것은 배사율을 범하는 것이므로 참혹히 망하리라.

상제님께서 어찌 일본이라는 나라를 두고 하신 말씀이시겠으며 일본이 미국과 전쟁을 하는 태평양 전쟁을 같이 말씀하심도 일제 강점기 일처럼 보이게 하시어 도인들이 공사의 실체를 바로 알기 어렵도록 하신 것입니다.

일본이라 하심이 누구를 뜻하시겠으며 이 인물이 상제님께서 말씀하신 웅패와는 전혀 안 어울리는 사람처럼 보이지만 실제로는 [웅패의 술]이라 하심이 그를 두고 하신 말씀입니다.

그만큼 그의 임무가 막중하여 상제님께서 자신의 임무를 마칠 때까지는 공사의 실체를 미리 알지 못하도록 조심하시어 공사를 보셨으므로 일반 도인들이 받아들이기가 어려운 것입니다.

상제님께서 [桀惡其時也(걸악기시야) 湯善其時也(탕선기시야) 天道敎
桀於惡(천도교걸어악) 天道敎湯於善(천도교탕어선) 桀之亡湯之興(걸지망
탕지흥) 在伊尹(재이윤)]이라 하심도 걸이 그 시대를 악하게 하였으며
탕이 그 시대를 선하게 하였고 하늘의 道가 걸악을 가르치고 하늘
의 道가 탕선을 가르쳤다는 말씀입니다.

선천은 웅패의 상극이 온 세상을 지배하던 세상이 된 것도 천운
에 따라 그와 같이 되었다는 말씀이며 걸을 망하게 하고 탕을 흥
하게 하는 것이 모두 [이윤의 도수]에 있다는 말씀입니다.

일본이 배은망덕 줄을 범함으로 판밖에서 일을 꾸미는 도수가
곧 [이운의 도수]이며 [재민혁세는 웅패의 술이라] 하신 걸악(桀惡)
을 물러가게 하시고 [제생의세는 성인의 道이니라]라 하신 탕선(湯
善)을 흥하게 하시는 것이 곧 [이윤의 도수]인 것입니다.

난을 짓는 사람이 있어야 다스리는 사람이 있나니 치우가 작란하여 큰 안개를 지었으므로 황제가 지남거로써 치난하였도다.

난을 짓는 자나 다스리는 자나 모두 조화로다. 그러므로 최제우는 작란한 사람이요 나는 치란하는 사람이니라. 전명숙은 천하에 난을 동케 하였느니라.

보기에는 예전의 동학란을 두고 하신 말씀처럼 보여도 치우가 황제에 대항하여 반란을 일으키고 황제가 치난한 것과 비유하심이 어찌 동학란을 두고 하신 말씀이며 모두 훗날의 일을 두고 하신 말씀입니다. 전명숙의 예를 말씀하심은 판밖에서 일을 꾸미는 도수를 말씀하시고 일본이 미국과 싸우는 것을 같이 말씀하심과 같이 쉽게 알 수 없도록 하시기 위함입니다.

상제님께서 [선천은 상극지리가 인간 사물을 맡았으므로…] 하신 인물은 도인들이 익히 아는 인물이지 어찌 생소한 인물이 될수 있겠으며 당연히 상제님으로부터 제일 먼저 천명을 받든 인물인 것입니다.

명을 내릴 때는 책임자에게 명을 내리는 법이지 책임자를 제껴놓고 다른 사람에게 명을 내리는 경우가 어찌 있겠으며 상제님께서도 온 세상을 구원하시기 위하여 세상에 내려오셨을 때도 당연히 선천에서 인간 사물을 맡았다는 인물에게 천명을 내려주시고 그를 가르치시어 세상을 구원하시고자 하심도 당연하신 일인 것입니다.

[무극진경]에서는 상제님께서 [술수는 삼국시대에 생겼으나 해원하지 못하더니 이제야 비로소 해원하게 되느니라] 하시고 또 [수운 가사에 발동 말고 수도하소 때 있으면 다시 오리라 하였으니 기틀과 철을 알아야 하느니라] 하셨으며 [속언에 맥 떨어지면 죽는다 하나니 연맥을 바르게 하라] 말씀하셨습니다.

술수는 적을 속이고 적의 힘을 이용하여 일을 이루는 것이 술수인 것입니다.

선천세상에서는 집단 간 나라 간까지라도 음양합덕을 시키실 수 있는 [무극시태극]의 상제님 도덕이 오히려 세상에서는 용납될 수 없었던 세상이 아니고 무엇이겠으며 당연히 상반된 기운이 온 세상을 지배하였기 때문입니다.

이 모두가 남을 수하에 두고 지배하고자 하는 삿된 욕심 때문인 것이며 이와 같은 욕심을 가지고 있으면 어찌 개인 간이건 집단 간까지도 치우치지 않아 서로 같은 존재로 여길 수 있는 상제님 도덕을 받아들일 수가 있겠습니까?

당연히 삿된 욕심을 가지고 있는 웅패들이 지배하는 세상이 되어 [정음정양]의 바른 도법이 행해질 수 없는 세상이 된 것입니다.

수도하는 사람들도 마찬가지로 남을 수하에 두고자 하는 욕심을 버리지 못하면 당연히 [정음정양]의 새로운 도덕을 세상없어도 받아들일 수 없는 것이며 오히려 이를 해치고자 하게 되는 것입니다.

상제님께서 삿된 욕심 때문에 온 세상에서 道의 기운이 고갈이 될 수밖에 없게 만들었던 웅패의 기운으로 천명을 받들게 하여 후천 선경의 대운이 성공할 수 있도록 하시는 것을 두고 하신 말씀이며 또한 오랜 옛적에 상극지리의 기운을 가지고 인물에게 자리를 빼앗기고 오히려 오명만 얻어 천하의 한을 품게 된 것이니 판밖에서 이를 밝혀 만고의 원한을 풀 수 있게 하신 것이 상제님께서 말씀하신 [술수]입니다.

天(천)이 以技藝(이기예)로 與西人(여서인)하여 以服聖人之役
(이복성인지역)하고 天(천)이 以造化(이조화)로 與吾道(여오도)하여
以制西人之惡(이제서인지악)이니라.

하늘이 재주를 서인에게 주시어 성인의 일에 역사토록 하고 하늘이 조화로 나에게 道를 주시어 서인지악을 물러가게 한다는 말씀으로 상제님께서 [술수]리는 도수를 말씀하심도 이를 두고 하신 말씀입니다.

서인지악(西人之惡)이라 하심이 힘과 권력으로 인류에게 온갖 화를 끼쳤던 웅패의 기운을 두고 하신 말씀입니다.

이제 말세를 당하여 앞으로 무극대운이 열리나니 모든 일에 조심하여 남에게 척을 지지 말고 죄를 멀리하여 순결한 마음으로 천지공정에 참여하라.

道의 체(體)이며 상제님 도덕인 靈(영)이 인류에게 전해지는 것이 [무극대운]이며 이를 얻어야 인간 완성을 이룰 수가 있는 것입니다.

하늘은 당연히 분별과 가림을 두시는 사가 전혀 없이 만물에게 무한한 은혜를 베푸시는 기운이므로 인류에게 이와 같은 하늘의 도덕이 전해지면 인류도 분별과 가림을 두는 사가 없이 누구에게나 덕을 베풀 수 있으므로 종래에는 [세계일가]도 가능하게 되는 것입니다.

옥황상제님께서 8·15 해방 직후에 [내가 三界 해방도수를 보아 태을문을 여는 大공사를 이룸이니라] 하심이 남을 수하에 두고 구속시키는 웅패의 기운을 물러가게 함으로서 개인 간뿐만 아니라 집단 간, 나라 간까지라도 치우치지 않아 [세계일가]를 이루게 하실 수 있는 최고 높은 하늘의 도덕이 전해질 수 있는 길을 여셨다는 말씀입니다.

당연히 온갖 상극을 벌이던 세상에서 몸과 마음에 밴 그릇된 기운을 모두 버릴 수 있어야 [무극대운]을 얻을 수 있는 것이며 옥황상제님께서 [무극대운의 해원상생 大道]라 하심과 같이 인류가 수천 년 동안 맺어놓은 원한을 풀고 상생만 한다는 세상을 이룰 수 있는 하늘의 大도덕이며 앞으로 [진법 공부]를 하는 것도 [무극대운]이 열릴 때 이 기운을 얻기 위하여 하는 것입니다.

　　　　　　　　　　　　　상서가 무르녹는 지상 선경으로 가는 길

福祿 誠敬信 壽命 誠敬信 至氣今至 願爲大降

　상제님께서 [운수가 열려도 본인이 감당하지 못하면 본 곳으로 되돌아가기도 하고 혹은 남에게 옮겨지기도 하리라. 잘 믿을지어다] 하심도 [복록 성경신 수명 성경신 지기금지 원위대강] 할 때를 두고 하신 말씀이며 [무극대운]이라 하심도 하늘의 지극한 성, 경, 신이 인류에 전해지는 것을 두고 하신 말씀입니다.

　득기유도(得其有道)라 하심도 이 기운을 얻으면 道가 있게 된다는 뜻이시며 이 기운이 의통(醫統)이고 의통을 얻어 이와 통하는 것이 도통이 되는 것입니다.

◆

충, 효, 열을 실천하여 세상에서 무도병을 몰아내리라.

상제님께서 [충, 효, 열이 끊어져 천하가 모두 병이 들었느니라]
하심과 같이 세상에서 끊어져 온 세상이 병이 들게 되었다 하신
기운을 다시 전해주시고 도인들이 이를 실천하여 온 세상에서 무
도병을 몰아내신다는 말씀입니다.

충, 효, 열이라 하심이 곧 誠을 두고 하신 말씀입니다.
상제님께서 [중화경]에서는 誠이 곧 귀신이라 하셨으며 귀신의
굴신하는 덕이 곧 誠이라 하셨습니다.
道는 항시 왕래굴신, 동정순환을 하면서 삼라만상에 지극한 기
운을 보내주어 음양 두 기운이 합덕하고 조화가 이루어지게 만드
는 기운인 것입니다.
이와 같은 道의 지극한 덕이 털끝만 한 사가 없어 이를 誠이라고
하신 것이며 [수기]라 하심도 誠을 두고 하신 말씀입니다.
온 세상에서 고갈이 되었다 하신 [물기운]이 곧 상제님 도덕인 靈
을 두고 하신 말씀이며 靈에서 비롯되는 지극한 덕이 곧 誠이 되
는 것입니다.

상서가 무르녹는 지상 선경으로 가는 길

결국은 도인들이 상제님 도덕인 靈을 체득하여 道의 지극한 덕을 남에게 베푸는 것이 충, 효, 열을 실천하는 것입니다.

　　당연히 道는 털끝만 한 사가 없이 누구에게나 은혜를 베푸는 지극한 선(善)인 것입니다.

　　이와 같은 상제님 도덕이 왕래굴신하면서 항시 천하 사람들 마음에 전해질 수 있게 된다면 서로 자기 쪽만 중한 줄 알아 서로 헐뜯고 온갖 이전투구를 벌이는 무도한 기운이나 남을 해치는 악한 기운이 점점 물러가게 되는 것은 당연한 일인 것입니다. [무도병을 몰아내리라] 하심도 이를 두고 하신 말씀입니다.

　　세상 인심이 점점 무도해지는 것이 모두 수기가 돌지 않아 상제님 도덕기운이 천하 사람들 마음에 전해지지 못하고 있기 때문인 것입니다.

　　상제님께서 때가 되면 온 세상에서 끊어지고 고갈이 되어 천하가 모두 병이 들게 되었다 하신 기운을 도인들에게 전해주시고 천하 사람들 마음에 전해지게 하여 대병에 걸려 있는 민생들을 구원하시고자 하심은 당연하신 일인 것입니다. 하물며 이와같은 상제님 뜻을 받들지 못한다면 그동안 애써 수도해온 것이 무슨 의미가 있겠으며 더욱이 척신들의 세력에 넘어가 [물기운]이 전해지지 못하도록 막기라도 한다면 그것이 도대체 무엇이 되겠습니까?

선천 수천 년 동안이나 상제님 도덕기운과 상반된 상극이 인간 사물을 지배하여 아직도 이 기운이 깊이 배어 있는 세상에서 다시 전해주시기가 어찌 쉬운 일이 될 수가 있겠으며 상제님께서 [천곡] 이라 쓰시고 공사를 보심도 [평천하]를 이루실 수 있는 상제님 도덕이 전해지지 못하게 막으려는 걸악(桀惡)의 기운을 받은 수많은 수도인들이 있기 때문입니다.

상서가 무르녹는 지상 선경으로 가는 길

"이제 청국 공사를 보려 하되 길이 너무 멀어 가기 어려우므로 청주 만동묘에 가서 천지 대신문을 열고자 하나 또한 가기가 불편하니 다만 음동을 취하여 청도원에 그 기운을 붙여 공사를 보려 하노라" 하시고 김형렬과 박공우를 거느리시고 청도원 고개에 임하셔서 성황묘 마루에 잠시 앉아서 쉬시고 일어나시며 "청국을 아라사 군사에게 맡길 수밖에 없노라" 하시고 송환의 집에 글을 써서 소화하시고 밤에 찬명의 집에서 대신문을 여시는 공사를 보실 때 무수한 글을 써서 소화하시니라.

하늘이 천장길방이며 태극기동의 원점이고 장차 후천 선경의 大수도가 될 [새서울]은 때가 될 때까지는 누구도 알 수 없도록 공사를 보심은 당연하신 일인 것입니다.

상제님께서 청국 공사를 보심도 중국 공사를 보신 것이 아니라 청주 만동묘에 세워질 조화정부 공사를 보신 것입니다.

한종도가 청국 공사를 중국 공사라 하자 [청국은 청국이지 중국이 아니니라] 하시고 호통치시듯 말씀하심도 청국 공사가 중국 공사가 아니라는 말씀입니다.

상제님께서 [아라사에 두 정사가 있느니라. 현 정사는 세상에 폐해만 끼치고 새 정사는 세상을 새롭게 하느니라. 구아가 지지 않으면 신아가 일어나지 못하느니라] 하심도 재세시에 러시아의 신구 세력을 두고 하신 말씀이 아니라 만동묘를 두고 하신 말씀입니다.

[현 정사는 [선천은 상극지리가 인간 사물을 맡았으므로…] 하신 정사이므로 세상에 폐해만 끼친다고 하신 것이며 [새 정사는 [상생의 道로써 후천 선경을 열 조화정부를 세워 무위이화와 불언지교로 화민정세하리라] 하신 정사이므로 세상을 새롭게 한다고 하신 것입니다.

옥황상제님께서 화양구곡에 오셔서 [내가 이곳에 온 것은 황극신 도수와 대신문 도수를 보기 위함이니라] 하시고 [이곳 화양동에는 명, 청 양국이 공존하는 곳이니라] 하심도 구천상제님께서 [청국 공사]를 보실 때 대신문을 여시는 공사를 보심과 같이 옥황상제님께서도 이 공사를 보시기 위하여 화양구곡에 오셨다는 말씀입니다.

[이곳 화양동에는 명, 청 양국이 공존하는 곳이니라] 하심도 구천상제님께서 [아라사에 두 정사가 있느니라] 하심과 같은 말씀이며 옥황상제님께서 갑오년(1954) 봄에 화양구곡에 오셔서 [대신문 도수]를 보심과 같이 [청국 공사가 중국을 공산주의자에게 맡기시는 공사가 아닌 것입니다.

내가 금산사로 들어가서 불양답(佛養畓)이나 차지하리니 나를 보고 싶으면 금산사로 오너라.

[불양답]은 절에 공양한 밭을 뜻하는 것이며 금산사에 들어가시어 절에 딸려 있는 밭이나 차지하신다는 말씀입니다.

옥황상제님께서 해방 후에 부산에 오셔서 [증산상제님께서 장차 금산사로 들어가리라 하신 곳이 이곳이니 태극원점의 기지를 입금산이라야 얻을 수 있느니라] 하심과 같이 상제님께서 김제에 있는 금산사를 말씀하신 것이 아닌 것입니다.

상제님께서 [이당 저당 다 버리고 무당의 집에서 빌어야 살리라] 하심도 이곳을 두고 하신 말씀이며 당연히 상제님 도덕이 온 세상에 펼쳐지는 태극기동의 원점을 두고 하신 말씀입니다.

너는 천하 일등 무당이요 나는 천하 일등 재인이라. 이당
저당 모두 버리고 무당의 집에서 빌어야 살리라.

상제님 도덕은 理가 되고 고부인은 氣가 되므로 하신 말씀이며
大道가 곧 음으로 존재하고 고부인의 분신과 같은 모습으로 존재
하는 것입니다.

무극의 체는 곧 상제님 분신과 같은 모습으로 존재하는 것이며
[흔히 道를 얻는다] 하는 것이 상제님 靈을 마음에 모시는 것을 두
고 하는 말인 것입니다.

천지의 마음인 상제님 도덕이 금수 초목 삼라만상에 미치지 않
는 곳이 없지만 금수가 어찌 상제님 靈을 체득할 수가 있겠으며 사
람도 마찬가지로 공덕을 쌓고 선행을 할 수 있어야 비로소 체와 감
응이 되어 마음에 모실 수가 있는 것입니다.

사람에게는 당연히 도통할 수 있는 체가 있는 줄 알기도 하지만
절대로 그런 것이 아니며 실제로는 도통기운을 얻기가 결코 쉬운
일이 아닌 것입니다.

유가에서 [요임금으로 비롯된 도통(道統)의 전수가 요순우탕문무

상서가 무르녹는 지상 선경으로 가는 길

주공 같은 성인들을 통하여 공자 시대까지 전수되어오다가 끊어지게 되었다라는 말이 있는 것도 무극의 체인 靈을 두고 하는 말이며 그만큼 성인들을 통하여 어렵게 전수되어왔다는 뜻입니다.

상제님께서 [충, 효, 열이 끊어져 천하가 모두 병이 들었느니라] 하심도 항시 동정순환하면서 삼라만상에 지극한 기운을 보내주는 체(體)가 끊어져 모두 병이 들게 되었다고 하신 것입니다.

하물며 이를 체득하기가 어찌 쉬운 일이 될 수가 있겠으며 선천학문은 실제로 잘못 알고 있는 부분도 많이 있는 것입니다.

상제님께서 [약장은 안장농이고 신주독이니라] 하심도 약장이 곧 세상에서 끊어진 무극의 체를 뜻하시며 상제님 도덕이 大道가 편히 의탁할 수 있는 그릇과 같은 존재이기 때문이시며 고부인에게 [약장은 네 농바리가 되리라] 하심도 大道는 반드시 상제님 도덕 안에서 용사할 수 있는 존재이기 때문입니다.

상제님 도덕은 털끝만 한 사가 없는 지극한 선(善) 자체이시며 당연히 불가사의한 능력을 가지고 있다는 신명을 사사로운 욕심을 가지고 있는 인심으로는 얻을 수 없는 것입니다.

[무당의 집]이 곧 후비소이고 후비소가 大道가 봉안이 되는 성전이고 대강전이 무당의 집인 것입니다.

옥황상제님 재세시에 어찌 大道가 봉안이 되었겠으며 모두 훗날의 도수를 보신 것입니다.

수도하는 사람들이 상제님 말씀을 그대로 받아들이기가 어렵다 하여도 말씀 그대로이며 靈源出이라 하심과 같이 체가 연원줄로 전해지기 때문이며 이를 벗어나면 얻을 수 없으므로 하신 말씀입니다.

자작사당(自作死黨)이라는 말이 있는것도 연원줄을 벗어나 사당을 만드는 것을 뜻하는 것이 아니고 무엇이겠으며 후에 군자들이 출세할 때 구원을 받을 수 있을지 몰라도 수도인으로는 성공할 수 없는 것입니다.

상서가 무르녹는 지상 선경으로 가는 길

三國時節(삼국시절)이 誰知止於司馬昭(수지지어사마소)아?

삼국시절이 사마소로 그칠지 누가 알았겠느냐?

상제님께서 동곡약방에서 종도들을 둘러앉히시고 이 글을 큰 소리로 읽게 하셨으며 옛적에 수많은 영웅호걸들이 등장하는 삼국시절에 이름도 없는 사마소를 그칠지 아무도 몰랐던 것처럼 상제님 공사도 이와 같다는 말씀입니다.

상제님께서 [내일은 판밖에 있느니라. 판밖에서 남모르는 법으로 일을 꾸며야 완전하리라] 하시자 한종도가 판밖의 뜻을 여쭈니 [지금은 가르쳐주어도 모를 것이요 때가 되어 직접 보아야 알게 되느니라] 하셨으며 하물며 당시에 인터넷 같은 정보통신이 발달하여 이를 이용하여 판밖에서 일을 꾸미는 도수를 가르쳐준다 하여도 어찌 이해할 수가 있겠으며 당연히 이 모두가 상제님께서 물샐틈없이 짜놓으신 도수입니다.

상제님께서 [황계성 죽지털고 판밖 소식이 이르러야 내 일이 이루리라] 하심도 [재민혁세는 웅패의 술이니라] 하신 기운이 꺾이고 나서야 [상생의 道]가 시작이 될 수 있으므로 하신 말씀입니다.

각 집안 선령신들이 한 명씩 하늘 공정에 참여하여 제 집안 자손 도통시킨다고 눈에 불을 켜고 있는데 만일 판 안에서 누구에게 도통을 주면 모든 선령신들이 제 집안 자손은 어찌하냐고 야단날 판이니 그 일을 누가 감당하리오.

그러므로 나는 사정을 쓸 수 없노라. 판 안에 너희들은 닦은 바대로 도통이 열리리라. 그러므로 판밖에 도통종자 하나를 두리니 그 종자가 점점 커져 천하를 덮으리라.

박공우가 [도통을 주시옵소서] 하니 상제님께서 하신 말씀입니다. 상제님께서 [공자는 72명만 통케 하였으므로 도통을 얻지 못한 자는 모두 원을 품었느니라. 그러므로 나는 닦은 바에 따라 누구에게나 도통을 주리니 후에 도통종자가 나타나서 도통씨를 뿌리는 날에는 상재는 7일, 중재는 14일, 하재는 21일이면 모두 道에 통하게 되리라] 하셨으며 靈源出의 靈이 곧 도통기운인 것입니다.

상제님께서는 [도통종자]라 하시고 도전님께서는 [도통기운]이라 하심이 道의 체(體)를 두고 하신 말씀이며 道의 체는 당연히 무극,

곧 태극이며 터럭만큼도 치우치지 않아 [정음정양]으로 용사하는 기운인 것입니다.

선천세상은 道의 체가 인류에게 전해졌지만 [정음정양]의 [태극의 진리]가 태초에 잠시 실현이 되었을 뿐이고 이후에는 웅패의 기운이 지배하는 세상이 되어 현실에서 실현이 될 수 없는 세상이 되어 수도하는 사람들을 통하여 간신히 전수되어왔을 뿐인 것입니다.

상극이 지배하여 서로 이기고자 할 수밖에 없는 기운 속에서 어찌 자기 쪽에 치우침이 없이 서로 도와 음양합덕을 시키는 태극의 진리가 현실에서 실현이 될 수가 있겠으며 당연히 웅패의 기운이 물러가고 나서야 비로소 다시 전해질 수가 있는 것입니다.

옥황상제님께서 오래전에 [해박 현룡의 大도수]라 하심도 [해박 도수]로 웅패의 기운이 물러가고 나서야 비로소 정음정양의 운을 시작시키시는 도수를 보신 것이며 정음정양의 바른 도법이 시작되고 나서야 터럭만큼도 치우치지 않는다는 道의 체가 도인들에게 전해질 수 있게 되는 것입니다.

[3·8 동방 목운을 회선시켜 천하 창생들을 구원할 도운]이라 하심도 [정음정양]의 바른 도법이 시작이 되는 것을 두고 하신 말씀이며 [태극의 원리]로 음양을 합덕 조화를 시키는 기운을 회선시켜 천하 창생들을 구원하신다는 말씀입니다.

하물며 선천의 그릇된 기운을 버리지 못하면 어찌 도통기운을 체득할 수가 있겠으며 으레 위계를 세워 사람을 다스리던 선천의 오랜 인습을 반드시 버리고 [정음정양]의 기운을 받아들일 수 있어야 [도통기운]도 얻을 수 있게 되는 것입니다.

상서가 무르녹는 지상 선경으로 가는 길

속언에 전명숙의 결(訣)이라 하여 [전주 고부 녹두새]라 이르나 이는 [전주 고부 녹지사(祿持士)]라는 말이니 장차 천지 녹지사들이 모여들어 선경을 건설하리라.

[채지가]에 [황학 백학 모여든다] 하는 것도 [천지 녹지사]들이 모여드는 것을 뜻하는 것이며 상제님께서 [후천 선경을 열 조화정부]라 하심과 같이 [조화정부] 공사가 이루어질 때 군자들이 모여드는 것을 뜻하는 것입니다.

[선경을 건설하리라] 하심은 공부를 돌려 후천 선경이 열리게 하는 것을 두고 하신 말씀이며 상제님께서 [문명은 후일 진경으로 나오리라] 하심과 같이 장차 천지 녹지사들이 大道를 얻어 해인의 조화로 지상 선경의 문명을 건설하는 것을 뜻하시기도 한 것입니다.

너희들 사회를 개조하면 세상도 그와 같이 되리니 너희들 스스로 돌아보아 너희들 사회를 먼저 바꾸도록 하라.

옥황상제님께서 내 도인 네 도인 내 방면 네 방면으로 도랑을 치던 폐단을 지적하시고 삼망오기(三忘五忌)를 근본으로 하는 혁신도수를 보심과 같이 상제님께서 [너희들 사회를 먼저 개조하라] 하심도 서로 편을 갈라 온갖 불화를 일으키던 속세의 그릇된 인습을 모두 버리고 道의 바른 진리를 도인들 사회에서 실현을 시키는 것을 뜻하시는 것입니다.

채지가에 [실지공부]라 하는 것도 이를 두고 하는 말이며 도인들이 道의 진리를 깊이 이해하고 현실에서 실천하는 것이 [실지공부]인 것입니다.

道는 분별과 가림을 두는 사가 전혀 없이 은혜를 베푸는 기운이므로 개인 간뿐만 아니라 나라 간까지도 태극의 원리로 음양합덕을 시킬 수 있는 기운이며 앞으로 오는 세상은 당연히 이와 같은 道의 진리가 실현이 되므로 세계일가가 이루어지고 상생만 한다는 세상이 되는 것이며 선천은 당연히 상반된 기운이 지배한 세상인

상서가 무르녹는 지상 선경으로 가는 길

것입니다.

당연히 내 인연이니 남의 인연이니 하여 분별을 두게 되는 마음을 버려야 되고 서로 편을 갈라 자기 쪽을 위하게 되는 마음도 버려야 되며 사람에 따라 편벽되는 마음도 모두 버릴 수 있어야 되는 것입니다.

연줄을 따져 인연자를 당연히 밑의 사람처럼 여기고 위계를 세우는 것이 당연한 줄 아는 것이 현재의 도문안의 기운이지만 이 모두가 남을 수하에 두고 위무로 복종토록 만들던 웅패의 기운이 선천 수천 년 동안 온 세상을 지배하여 몸과 마음에 밴 그릇된 인습에 불과한 것입니다.

선천은 세상 어디에서나 위계를 세우고 윗사람에게는 복종하고 밑의 사람은 그와 같이 만들고자 하고 위무로 다스리기도 하던 세상이 아니고 무엇이겠으며 이와 같은 기운이 무도한 기운일 뿐이지 어찌 경우에 맞을 수가 있겠습니까?

반드시 선천의 그릇된 인습을 버려야 하며 상제님 말씀대로 사람을 올바로 대우하고자 하여야 서로 해치는 무도한 군생들이 가지고 있는 기운과 별반 다를 게 없는 상극의 기운이 물러가게 되는 것입니다.

[새 세상을 보기 어려움이 아니라 마음 바꾸기가 어려움이니라] 하심과 같이 새 세상을 보고자 한다면 세상없어도 마음을 바꾸어

야 되는 것입니다.

상제님께서 [먼저 너희들 사회를 바꾸면 세상도 그와 같이 된다]
하심도 도인들이 天地否(천지비)의 상극된 기운을 버리고 地天泰(지
천태)의 상생의 기운으로 바꾸면 세상도 따라서 그와 같이 바뀌게
된다는 말씀이며 분별과 가림을 두어 편을 가르던 선천의 그릇된
인습을 버리면 세상도 그와 같이 바뀌게 된다는 말씀입니다.

상서가 무르녹는 지상 선경으로 가는 길

내가 평천하를 할 테니 치천하는 너희들이 하라. 치천하는 오십 년 공부이니라. 매인이 여섯 명씩 포덕하라. 내가 태을주와 운장주를 벌써 시험해보았으니 김병욱의 액을 태을주로 풀고 장효순의 난을 운장주로 풀었느니라.

하늘은 집단 간 나라 간까지라도 분별을 두시는 사가 전혀 없이 은혜를 베푸시는 기운이므로 하늘의 바른 도덕이 천하 사람들에게 전해지면 당연히 [평천하]를 이루실 수가 있으며 이를 가르치고 세상에 펼치는 것은 도인들이 하라는 말씀입니다.

선천은 근본적으로 상극이 지배한 세상이므로 상제님 도덕이 오히려 세상에서는 용납될 수 없었던 세상인 것입니다.

현재도 이와 같은 기운이 많이 물러갔다 하여도 아직도 세상에 깊이 배어 있는 것이 현실이 아니고 무엇이겠으며 당연히 온갖 풍파가 없을 수 없으므로 태을주와 운장주를 말씀하신 것입니다.

옥황상제님께서 [기도문이 열리는 도수]를 말씀하심도 이때를 두고 하신 말씀입니다.

하물며 그동안 상제님 도문에 들어와 온갖 고생을 참고 견디면서 수도를 하고도 종래에는 척신들의 기운을 받아 상제님 도덕이 전해지는 것을 막으려는 신세가 되면 어찌하겠으며 결국은 온 세상에서 상제님 도덕이 실현이 될 수 없게 만들었던 상극의 기운이 다시 전해질 때도 이를 막으려 하게 되는 것입니다.

상서가 무르녹는 지상 선경으로 가는 길

너희들 손에 살릴 생자를 쥐고 다니니 득의지추(得意之秋)가 아니더냐.

마음을 게을리하지 말지어다. 삼천(三遷)이라야 일이 이루어지느니라.

채지가에 [일심공부 하올적에 이배타기 소원일세] 하듯이 도인들이 살릴 생 자인 [의통]을 얻어 뜻을 얻었으므로 득의지추라 하신 것이며 삼천(三遷)은 [아기판 총각판을 지나 상씨름으로 판을 마치리라] 하심과 같이 세 판을 두고 하신 말씀이며 상씨름 판이 되어야 도인들이 소원성취를 할 수 있게 된다는 말씀입니다. 현재가 총각판입니다.

악 독 한 그세상에 조소비평 참아가며
멀 고 먼 험한길에 고 생 도 지질하다
먹은마음 다시먹어 쉬지않고 나아갈제
애달프다 애달프다 세상사람 애달프다
원수대척 없건마는 어이그리 척이련고
돌아서면 냉소하고 구석구석 비방일세

들도보도 못했더니 별 일 도 많다더라

도통인지 돌통인지 허무하기 짝이없네

저리해서 도통하면 비상천은 내가하지

아 서 라 말아서라 세상공론 다버리고

정 산 도 태백산에 도라지나 캐어보세

한두뿌리 캐 어 도 강을이 밑천되노라

(채지가 - 남조선 뱃노래)

현재 도인들이 세상 사람들로부터 비난받기도 하는 것을 두고 하는 말이 아니라 앞으로 [무극시태극]의 진법이 시작이 될 때를 두고 하는 말입니다.

상제님께서 弊衣多垢勝金甲(폐의다구승금갑) 頹屋無垣似鐵城(퇴옥무원사철성)이라 하심과 같이 이와 같은 모습으로 시작되는 것이 진법운인 것입니다.

오직 온 세상이 잃어버린 상제님 도덕을 체득하여 道의 지극한 기운을 온 천지에 전하고 大道의 기운을 온 천지에 전하는 것이 목적이니 어찌 겉꾸밈을 화려하게 하겠으며 오히려 전혀 불품없이 꾸며 진실로 道의 진리를 구하고자 하는 마음이 부족한 사람들은 받아들일 수 없게 하시는 것이 상제님 도수인 것입니다.

선천 수천 년 동안이나 남다른 능력으로 백성들을 복종토록 만들어 세상을 다스리던 웅패의 기운에 깊이 물들어 있어 장차 진법이 시작이 될 때 세상 사람들이나 같이 수도를 하던 사람들이 온 갖 냉소와 조소하는 것을 두고 하는 말인 것입니다.

전해져오는 말에 [조소를 잘 참고 견디면 조소를 받던 운에서 조소하는 운으로 바뀌게 된다] 하듯이 세상의 냉소와 조소를 잘 견디어내어야 소원성취할 수 있게 되는 것입니다.

남조선 배가 범피중류(泛彼中流)로다. 이제 육지에 하륙하였으니 풍파는 없으리로다.

스물네 가지 약재만 잘 쓰면 만국의원(萬國醫員)이 되리라.

상제께서 약장에 24가지 약재를 넣으시니 약재는 목단피 천화분 금은화 삼종(三種)과 당귀 천궁 백작약 숙지황 목과 오매 원지 석창포 독활 강활 창출 형개 방풍 길경 전호 백지 진피 고련근 갈근 황기 감초 지각 양강 시호등 이십사 종(種)이니라.

이때 황응종이 여쭈기를 [시속에 인삼이 빠지지 않는다 하는데 어찌 인삼이 빠졌나이까?] 하니 [삼정은 가는 곳이 따로 있느니라] 하시므로 [어디로 가나이까] 하매 [김형렬에게 가느니라] 하시니라.

상제님께서 약장에 24가지 약재를 넣으심이 [무극의 체]에 24가지 약의 정(精)을 부여하시는 것을 뜻하시는 것이며 도인들이 장차 무극의 체를 얻어 이 기운만 잘쓰면 [만국의원]이 될 수가 있다는 말씀입니다.

[육지에 하륙하였으니 풍파는 없으리로다] 하심은 명부공사가 이루어져 풍파가 없게 된다는 말씀으로 채지가에 [수수산천 다 지나

가고 탄탄대로 평지만나 하듯이 도인들이 앞으로 풍파를 겪지 않게 된다는 말씀입니다.

김경학이 독삼통을 많이 쓰다가 상제님께 약의 효용을 여쭈니 [인삼은 내가 모르는 약이니라] 하심도 인삼의 정(精)은 김형렬이 가지고 있기 때문이시며 김형렬이 장차 심법 공부를 맡게 되기 때문입니다.

병겁이 닥쳐올 때 상제님 도문안에 있다 하여 세상 사람들을 구원해줄 수가 있는 것이 아니며 의통을 알아야 구원해줄 수가 있는 것입니다.

내가 출세할 때는 一心者만 따르리니 희귀(稀貴)하다는 희
(稀) 자는 드물 희(稀) 자이니라.

상제님께서 일심자라 하심도 곧 무극의 체를 체득한 도인들을
두고 하신 말씀이며 희귀할 희 자라 하심도 그만큼 선천 수천 년
동안 상제님 도덕과 상반된 기운 속에서 살아와 무극의 체를 체득
하기가 쉬운 일이 아니기 때문입니다.

옥황상제님께서도 [내가 성경신을 다한 일심자에게 해인을 일시
에 전해주리라] 하셨으며 당연히 상제님 도덕을 체득할 수 있으면
때가 되면 해인이라는 불가사의한 능력을 가지고 있는 신명도 얻
을 수 있게 되는 것입니다.

印身隱藏(인신은장) 印鬼卽滅(인귀즉멸) 印山卽崩(인산즉붕)
印水卽渴(인수즉갈) 印火卽烟(인화즉연) 印風卽空(인풍즉공)

(태극주 中)

해인을 몸에 지니고 있으면 해인이 귀신을 즉시 멸할 수 있으며
산도 즉시 붕괴시킬 수 있고 물도 즉시 마르게 할 수 있으며 불도

상서가 무르녹는 지상 선경으로 가는 길

즉시 꺼지게 할 수 있고 바람도 즉시 사라지게 할 수 있다는 뜻입니다.

상제님께서 여동빈의 일화를 말씀하심도 신명을 전해주고자 하여도 도인들이 황당하게 여겨 받아들이지 않는 것을 두고 하신 말씀인 것입니다.

약장은 곧 상제님 도덕인 理를 상징하고 궤는 氣인 大道를 상징하는 것입니다.

옥황상제님께서 1919년 구천상제님 강세 치설일에 보천교에 가서서 궤를 가지고 나오신 후에 백 일 동안 불면불휴하시면서 철야로 검무도수를 보시는 혹독한 고행을 연이어 보심도 大道를 척신들의 세력으로부터 지켜내시기 위함이시며 화천하실 때까지 백 일 동안 불면불휴하시는 고행을 수없이 반복하심도 모두 大道가 성공하여 후천 선경이 열릴 수 있게 하시기 위함입니다.

[대강전만 남아도 내 일은 모두 이루어지리라] 하심도 大道만 성공하면 다 된다는 말씀이 아니고 무엇이겠으며 하물며 어찌 大道의 존재를 믿지 못할 수가 있겠습니까?

大道를 얻기가 어려운 일이 아니라 자기 쪽에 치우칠 수밖에 없는 사람의 편벽된 성정을 극복하고 至正至中(지정지중)하다 하신 상제님 도덕을 체득하기가 어려운 일인 것입니다.

北玄武 謝亥去 東靑龍 自子來

黙然坐 通古今 天地人 進退時

片片雪 棋一局 家家燈 天下花

去世去 來世來 有限時 萬方春

북현무는 기운이 쇠하여 해에서 물러가고 동청룡은 자연히 자에서 오리라.

묵묵히 앉자 통고금하니 천지인 진퇴시라. 송이송이 내리는 눈은 한판의 바둑이요 집집마다 밝힌 등은 천하의 꽃이라. 갈 것은 가고 올 것은 오리니 때가 되면 만방이 봄이 되리라.

[天根月窟(천근월굴) 閑來往(한래왕) 三十六宮(삼십육궁) 都是春(도시춘)]이라 하심과 같이 때가 되면 만방이 모두 선경으로 화하게 된다는 말씀입니다.

상서가 무르녹는 지상 선경으로 가는 길

제2부

옥황상제님께서
보신 공사

내 일찍이 음양합덕 신인조화 해원상생 도통진경을 오도의 신조로 계시하였거니와 이 진리를 활연 관통하는 것이 곧 우주 전체의 원리와 인간 생활 윤리를 체득함이니라.

선이니 악이니 하는 인간의 언어 문자에 구애됨이 없이 음양합덕의 태극진리로 생활하는 자는 절로 인의와 박애와 자비를 실천하는 것이니 이로써 법률이나 사회질서가 저절로 형성될 것이니라. 이것이 곧 무위자연의 원칙이니라. 그러므로 너희들은 항상 합덕, 조화, 상생으로 생활할지니라.

옥황상제님께서 말씀하신 음양합덕 신인조화 해원상생 도통진경이 모두 中이라 하신 천명지성을 체득할 수 있어야 가능한 것입니다.

당연히 터럭만큼도 치우치지 않는다 하신 상제님 도덕을 체득하여야 개인 간뿐만 아니라 집단 간까지 음양합덕이 가능한 것이며 신봉어인(神封於人)하여 신인조화도 이룰 수 있게 되고 서로 맺어놓은 원한을 풀고 서로 상부상조하는 해원상생도 가능하게 되며 수도정진하여 도즉아 아즉도의 경지에 이르는 도통진경에도 이를 수가 있는 것입니다.

결국은 [무극시태극]의 진리를 체득하여 통하는 것이 우주 전체의 원리와 인간의 생활 윤리를 체득하는 것이라는 말씀입니다. 옳고 그른 것을 분별하고자 하는 것은 근본적으로 나와 남을 같은 존재로 여기지 못하는 그릇된 마음에서 비롯되는 것이니 이에 구애됨이 없이 선을 베푸는 것이 음양합덕의 진리로 생활하는 것이라는 말씀입니다.

道는 분별과 가림을 두는 사가 전혀 없이 만물에게 무한한 은혜를 베푸는 기운이며 아무리 악인이라 하여도 덕을 베푸는 것은 같은 것이 道의 지극함입니다.

그렇다고 악인을 잘되게 해주는 것이 아니라 죄를 미워해도 사람은 미워하지 말라는 말도 있듯이 道 자체가 누구에게나 이로움을 베푸는 선(善) 자체이므로 사람에게는 덕을 베푼다 하여도 남을 해치는 악한 행위는 용납하지 않음으로 이것이 의(義)가 되는 것입니다.

결국은 中이라 하신 천명지성을 체득하여 솔성지도(率性之道)하는 것이 음양합덕의 진리로 생활하는 것입니다.

道의 지극한 덕이 온 천지에 전해져 음양 두 기운이 합덕하고 조화를 이루어 만상 만유를 이루듯이 인류도 이와 같은 道의 덕을 체득하여 행할 수 있으면 개인에서 나라 간까지도 모두 조화가 이루어질 수가 있는 것이며 이와 같은 것이 무위자연의 원칙이라는 말씀입니다.

너희들이 인간의 윤리도덕과 법률질서의 근본 원리를 아느냐. 나의 도리는 어렵지 않으니 곧 무극과 태극의 진리이니라.

인간의 윤리도덕은 공자의 유교만 한 가르침이 없으니 그것이 인의 삼강오륜으로 표현되고 서가의 교는 인간과 미물 곤충까지 자비하는 것이 또한 취할 만하고 야소가 설한 박애 역시 일리가 있느니라.

그러나 그것은 윤리와 법의 일부적인 방법일 뿐 완전한 원리는 아니니 그 원리는 다만 태극의 진리이니라.

태극은 음양이니 음양이 조화한 합덕으로 개인이 생활하고 사회가 유지되면 그것이 천운에 순응하고 인륜에 궤합됨이라.

너와 내가 화하고 父와 子가 화하고 형과 제가 화하고 부부가 화하면 인륜이 되고 정부와 국민이 화하고 자산가와 근로자가 화하고 지주와 소작인이 화와 합으로 생활하는 것이 바로 윤리도덕의 사회이니라.

여기에 만일 원척이 있으면 해원하여야 상생의 길이 트여 완전한 합덕이 되리라.

무극의 이치에 의하여 음양 두 기운이 태극의 원리로 합덕하고 조화가 이루어지는 것이 인간의 윤리도덕과 법률질서의 근본 원리라는 말씀입니다.

인간의 어떠한 관계에서도 화와 합을 이룰 수 있는 기운이 곧 誠이고 세상이 이를 잃어 서로 자신이나 자기 쪽의 이로움을 도모하여 온갖 반목과 불화가 생기는 것이 현 세상 기운이 아니고 무엇이겠으며 하늘의 도덕이 다시 인류에게 전해져야 정부와 국민, 자산가와 근로자, 지주와 소작인 관계에서도 화와 합이 이루어지는 태극의 진리가 실현이 될 수가 있는 것입니다.

옥황상제님께서 말씀하신 태극의 진리를 가능하게 만드는 하늘의 지극한 도덕이 인류에게 전해지는 것이 [무극대운]이며 상생만 한다는 세상을 이루실 수가 있고 세계일가를 이루실 수 있는 기운이니 반드시 상극세상에서 물든 그릇된 기운을 모두 버릴 수 있어야 되며 사람의 편소한 마음을 반드시 넘어설 수 있어야 [무극대운]이 열릴 때 능히 운수를 감당할 수가 있는 것입니다.

[誠 자체는 하늘의 道요 誠하고자 함은 사람의 道이니라] 하심도 무극의 지극한 성정을 誠이라 하는 것이며 상제님께서 [중화경]에서 [誠字卽天命之性(성자즉천명지성)]이라 하심과 같이 誠이 곧 中이라 하신 천명지성을 뜻하는 것입니다.

상제님께서 高見遠慮曰智(고견원려왈지)의 글에서 [人而用之之道(인이용지지도) 舍此而何以也(사차이하이야) — 사람이 쓰는 것이 道인데 이를 버리면 어찌하겠느냐] 하심도 인류가 [천명지성을 버린 것을 두고 하신 말씀입니다.

　사람은 본래부터 천명지성이 있는 것으로 주장하기도 하지만 본래 천명지성은 항시 동정순환하면서 사람뿐만 아니라 금수 초목 삼라만상에 항시 전해지는 하늘의 지극한 도덕이며 금수와 사람이 다른 것은 금수는 이 기운을 받아 시(始)와 생(生)을 할수 있어도 남에게 道의 덕을 베풀 수는 없는 존재인 것입니다.

　사람만이 道를 깨닫고 행할수 있다 하는 것은 사람만이 道의 덕을 베풀 수 있어 서로 부족한 것을 채워주고 덕성을 합하는 道의 진리로 살아갈 수가 있다는 뜻인 것입니다.

　사람이 道를 잃으면 결국은 서로 쟁투가 벌어져 약육강식하는 금수의 세상과 별반 다를 게 없게 되는 것입니다.

　선천세상은 이와 같은 道의 진리와 상반된 응패의 상극이 지배하여 서로 상대를 해치던 세상이 아니고 무엇이겠으며 [금수시대]라는 말이 있는 것도 이 때문입니다.

　결국은 상극운으로 인하여 하늘의 지극한 도덕이 三界에 전해질 수 없는 지경에 이르게 되어 상제님께서 인세에 오시게 된 것입니다.

　때가 되면 다시 전해주시는 것이 당연하신 상제님 도수이며 수도하는 사람들도 이와 같은 道의 진리를 자각하여 서로 자기 쪽의 이로움을 도모하는 선천의 상극된 관념을 버리고 우리 쪽이건 남의 쪽이건 같은 존재로 여겨 상대에게 덕을 베풀고자 하여야 체(體)가 다시 전해질 때 체득할 수 있게 되는 것입니다.

도통을 위한 수도는 三忘(삼망)이라야 성공할 수 있으리니 忘其親(망기친) 忘其家(망기가) 忘其身(망기신) 하여야 하며 忘忘(망망)까지 하여야 성공할 수 있으리니 돈오법으로 열어주리라.

道의 지극한 덕이 왕래굴신하면서 삼라만상에 전해지지 않는곳이 없는 것이며 상제님께서 천지가 아무리 크다 하여도 덕이 가동된다 하심과 같이 가깝고 먼지에도 전혀 구애됨이 없이 같은 마음이 전해지는 것입니다.

인심은 분별을 두어 자기 식구, 자기 쪽은 위해주어도 남의 쪽은 같을 수 없으며 오히려 악한 마음을 쓰기도 하는 것입니다. 옥황상제님께서 나라는 사심으로 인하여 분별과 가림을 두게 되는 인심을 모두 버리고 무아무상한 道의 경지에 이를 수 있어야 도통할 수 있게 된다는 말씀입니다.

앞으로 오는 세상은 천하가 모두 한 식구처럼 된다고 하심도 당연히 분별과 가림을 두시는 사가 전혀 없이 은혜를 베푸시는 상제님 도덕이 실현이 되기 때문입니다.

상서가 무르녹는 지상 선경으로 가는 길

선천은 오히려 정반대의 세상이 아니고 무엇이겠으며 당연히 새 세상의 운수를 얻고자 한다면 선천 수천 년 동안이나 서로 편을 갈라 온갖 상극을 벌이던 세상에서 비롯된 그릇된 관념을 모두 버려야 되는 것입니다.

현재 도문안의 기운도 윗사람이니 밑의 사람이니 하고 같은 식구끼리 위해주는 것을 당연하고 옳은 줄 아는 기운이 아니고 무엇이겠으며 선천세상 내내 이와 같은 기운 속에서 살아와 당연시하지만 실제로는 남을 밑에 두고 자신에게 복종토록 만들던 웅패의 기운이 수천 년 동안 인간 사물을 지배하여 생겨난 잘못된 관념인 것입니다.

[공부하지 않고 성공할 생각을 말라] 하심도 이와 같은 선천의 오랜 관념을 버리기가 어렵기 때문입니다.
현재 도문안에서 수도하는 사람들이 내 인연이니 남의 인연이니 하고 우리 방면이니 남의 방면이니 하여 분별을 두는 마음을 버리기가 어찌 쉬울 수가 있겠으며 오히려 마음으로 받아들이기도 어려운 일이 아니고 무엇이겠습니까?
당연히 공부를 하여 道의 진리를 깊이 이해하지 못하면 도통진경에 이르기가 어려운 것입니다.

앞으로 오는 세상이 [세계일가]가 이루어지는 세상이라는 것을 모르는 수도인이 어찌 있겠으며 당연히 저희끼리 위하고 힘을 합하던 상극세상에서 비롯된 그릇된 기운을 모두 버릴 수 있어야 되는 것입니다.

선천은 세상 어디에서나 上下의 위계를 세워 윗사람이 밑의 사람을 다스리는 기운이므로 윗사람이니 밑의 사람이니 하면서 같은 식구끼리 위하게 되고 편을 가를 수밖에 없었던 세상이지만 앞으로 오는 세상은 [정음정양]의 운이며 상대를 자신과 같은 동등한 존재로 여기는 세상이므로 남을 자기 사람처럼 여기는 삿된 마음도 없게 되므로 편을 가르는 일이 생기지 않는 것입니다.

상제님께서 天地變遷禍福之道(천지변천화복지도) 由民順逆取舍之故(유민순역취사지고)라 하시고 [천지가 변하고 옮겨갈 때 화를 입기도 하고 복을 받기도 하는 것이 오직 천운에 순응하고 역행하는 데 있다] 하셨으며 하물며 上下의 위계를 세워 으레 위무로 사람을 다스리던 [상극지리의 기운이 물러가고 [음양합덕의 태극원리라 하신 [정음정양]의 운으로 천운이 근본적으로 바뀌는데 上下의 위계를 세우던 선천의 그릇된 인습을 버리지 못하면 어찌하겠으며 선천의 묵은 기운을 버리지 못하면 세상없어도 새 세상의 운수를 얻을 수 없는 것입니다.

상서가 무르녹는 지상 선경으로 가는 길

도통진경은 오도의 목적이니 이는 개인의 이상인 동시에 우주 전체의 진경이니라. 도통은 기사이적을 능히 행하고 三界를 자재임운하는 신통력도 있되 이런 일은 개인의 영성에 의한 체험이며 오직 태극의 진리를 깨달아서 체득하는 것이 진도통이니라.

이러한 요체로 활연 관통하는 것이 오만 년 후천 선경 우주 전체의 大도통이니라.

상제님께서 사람에게는 혼과 백이 있어 알려고 생각하는 것은 혼이 하는 일이고 이미 알고 있지만 감추고 기억하고 있는 것은 백이 하는 일이라 하셨으며 흔히 화두잡기라는 수련법으로 통하는 수가 있는 것이 곧 백과 통하는 것이지 道에 통하는 것이 아닌 것입니다.

[빙산의 일각]이라는 말이 있듯이 사람이 쓰는 것은 극히 일부분일 뿐이고 실제로는 무한한 잠재 능력이 있다고 하며 수련법을 통하여 이와 같은 잠재 능력을 끄집어내어 기사이적을 능히 행하는 경우도 있지만 이런 것이 진짜 道에 통하는 것이 아니라는 말씀입니다.

선신뿐만 아니라 악신들도 얼마든지 도술 능력을 부릴 수 있으며 앞으로 허강과 진강이 있어 도덕보다는 도술을 좋아하면 허강에 빠지게 되고 도술보다는 도덕을 좋아하여야 진강을 받을수 있게 되는 것입니다.

오직 남보다 잘하는 것을 좋아하고 겉으로 드러나는 능력을 좋아하면 기사이적을 능히 보여주는 허강에 현혹이 될 수밖에 없으며 남다른 능력을 구하기보다는 인류가 서로 해치는 상극이 없게 하실 수 있는 상제님 도덕을 진심으로 좋아하고 구하고자 하여야 허강이 와도 현혹이 되지 않고 진강을 얻을 수 있게 되는 것입니다.

[태극의 진리라 하심도 상제님 도덕에 의하여 개인 간뿐만 아니라 나라 간 사이에도 같이 여겨 합덕하고 조화가 이루어지는 진리를 두고 하신 말씀이며 결국은 터럭만큼도 편벽되거나 치우치지 않는다 하신 상제님 도덕을 체득하여 통하는 것이 진도통이고 우주 전체의 大도통이라는 말씀입니다.

道를 나타냄은 문자와 전서밖에 없되 이 역시 나라마다 다르고 또 한정된 문자로 어찌 道의 본의를 다 표현하랴.

또 道를 가르치고 전함은 언설 외에 무엇이 있으랴마는 이 또한 진리의 외양일 뿐이니 문자와 언설 이면에 내재한 진리 곧 무극시태극의 체용은 원시반본하는 심법 공부라야 지각할 수 있느니라.

옥황상제님께서 [나의 道는 요임금의 치국치민한 道와 같으니라. 요임금이 무위이화로 50년간 선정하였으므로 50년 치천하 도수를 보았느니라] 하심과 같이 상제님 道가 요임금께서 치세하신 道와 같은 것입니다.

상제님께서 [당요가 일월의 법을 알아내어 백성들을 가르쳤으므로 비로소 인류에게 하늘의 은혜와 땅의 이치가 주어졌느니라] 하심이 요임금께서 일월이 운행하는 법을 깨달으셔 백성들을 가르치셨다는 말씀이 아니라 道가 동정순환하면서 만물을 화육시키는 이치를 알아내시어 백성들을 가르치셨으므로 털끝만 한 사가 없이 만물에게 은혜를 베푸시는 무극의 체와 생, 장, 염, 장을 하는 땅의 이치가 인류에게 주어져 인류가 道를 행할수 있게 되었다는 말씀입니다.

유가에서 [요임금으로 비롯된 도통의 전수]라는 말도 있듯이 도통할 수 있는 무극의 체가 인류에게 전해진 것은 요임금 시절 인 것입니다.

도통의 전수가 끊어져 [충, 효, 열이 끊어졌다] 하신 것이며 다시 전해주시는 것이 [무극대운]인 것입니다. 당연히 무극의 체가 전해질 때 이를 체득할 수 있어야 도통이 가능해지는 것입니다.

하늘은 당연히 분별과 가림을 두시는 사가 전혀 없이 은혜를 베푸시며 이와 같은 하늘의 도덕이 세상에 전해졌을 때는 당연히 백성들이 편을 갈라 다투는 일이 없었으며 세상에 남을 해치는 죄악이 없고 누구에게나 선을 베푸는 세상이 되어 무위이화로 자연히 천하가 다스려지는 태평성대한 세상이 이루어지게 된 것입니다.

결국은 강압과 위무로 사람을 복종토록 만들어 다스리는 [상극지리]라 표현하신 웅패의 기운이 선천운을 차지하여 세상 기운을 주도하고 천하 사람들 마음에도 이 기운이 전해져 사람 간에 위아래로 엄히 차별을 두어 위무로 사람을 다스리는 세상이 되고 강자가 약자를 무력으로 지배하는 운이 되어 서로 편을 갈라 온갖 상극을 벌이는 세상이 된 것입니다.

[원시반본하는 심법 공부]라 하심도 결국은 상극지리가 인간 사

물을 맡아 모든 인사가 도의에 어그러지게 되었다 하심과 같이 상극지리에서 비롯된 선천의 그릇된 인습을 모두 버리고 [무위이화]로 천하가 다스려지고 내 사람이니 남의 사람이니 하고 우리 쪽이니 남의 쪽이니 하여 편을 갈라 다투는 일이 없었던 시절로 다시 돌아가야 道의 바른 용(用)을 깨닫게 된다는 말씀입니다.

내가 이제 三處三度(삼처삼도)의 공부로써 서울 도수를 마쳤느니라.

이로써 진법이 서울서 조선 전토로 퍼지며 다시 세계 전역에 미치리니 천행이로다. 조선이 태극의 중심이 되는 도수이니라.

일갑(一甲)이 지나면 천하 만국민이 가슴에 태극을 품고 서울로 와서 세계일가의 기틀을 다지며 환호하는 날이 있으리니 그 아니 장하랴 그러나 그대들은 새서울이 따로 있음을 알지니라.

또 일갑이 지나면 나의 태극진리가 문명으로 화하여 새서울에서 큰소리를 치리니 시유기시(時有其時)며 시호시호(時乎時乎)이니라.

6·25 전쟁이 발발한 후에 한 도인이 [이번 6·25 사변으로 부산이 임시 수도가 되었으니 도주님께서 예시한 새서울이 적중됨이 아니옵니까?] 하니 옥황상제님께서 [내가 말한 새서울이 어찌 한 나라의 수도이랴. 새서울은 구천상제님 도수에 따라 통일신단 조화정부에서 내가 공부하여 설법하는 三界를 광구할 태극기동의 원점이

상서가 무르녹는 지상 선경으로 가는 길

니라] 말씀하셨습니다.

　상제님께서 [후천 선경세상을 열 조화정부를 세워 무위이화와 불언지교로 화민정세하리라] 하심과 같이 [통일신단 조화정부]라 하심이 [후천 선경세상을 열 조화정부]를 두고 하신 말씀입니다.

　선천기운은 오히려 태극을 기동시킬 수 있는 기운이 온 세상에서 사라지게 만든 기운이며 웅패의 운이 물러가고 조화정부 공사가 이루어져야 비로소 태극을 기동시킬수 있는 상제님 도덕이 전해질 수가 있는 것입니다.

　수도하는 사람들이 道의 체가 아직 전해지지도 않았다는 것을 믿기도 어렵고 이해하기도 어려운 것이 현실이지만 그만큼 선천기운 자체가 음양이 상극하게 만드는 기운이므로 개인 간뿐만 아니라 집단 간에도 치우치지 않아 음양을 태극의 원리로 합덕 조화를 시킬 수 있는 기운이 전해질 수가 없는 것입니다.

　근본적으로 상극운이 물러가야 비로소 전해질 수가 있게 되는 것이며 당연히 조화정부에 참여할 수 있어야 득도할 수 있게 되고 소원성취도 할 수가 있는 것입니다.

　상제님께서 [이당 저당 다 버리고 무당의 집에서 빌어야 살리라] 하심도 大道가 봉안이 되는 성전이 이루어지게 될 조화정부를 두고 하신 말씀이며 道를 얻게 되면 대병도 자연히 낫게 되고 소병도 자연히 낫게 된다고 하셨는데 굳이 무당의 집에서 빌어야 산다고 하셨겠으며 당연히 무당의 집에서 道의 체가 비로소 연원줄로 전해지게 되므로 하신 말씀입니다.

상서가 무르녹는 지상 선경으로 가는 길

내가 지난 3년간 태극의 기동과 해박 현룡의 大도수로 3·8 동방 목운을 회선시켜 천하 창생들을 구제할 도운과 국운의 회룡도수를 성취하고자 계속하여온 마지막 백 일 공부에 들어가노라.

옥황상제님께서 1945년 해방되던 해의 봄에 백 일 동안 불면불휴하시는 공부에 들어가시면서 하신 말씀이며 우리나라를 해방시키는 도수이기도 하지만 실제로는 선천 수천 년 동안 인간 사물을 지배한 웅패의 기운을 거두시는 三界 해방도수를 보신 것이며 이로써 大道가 회룡하게 되고 동방 목운인 仁을 회선시키는 도수를 보신 것입니다.

옥황상제님께서 화천하실 때까지 거의 같은 공사를 반복하시어 보신 것이며 선천 수천 년 동안 인계와 신계를 지배하였던 상극운을 거두시고 상생만 한다는 세상의 운을 시작시키시기가 그만큼 어려운 일이기 때문입니다.

仁이 곧 中이라 하신 천명지성이고 [평천하]를 이루실 수 있는 상제님 도덕이며 온 세상 사람들이 이를 잃어버린 것이 병세인 것입니다.

하물며 언제 도인들이 이를 체득하여 세상에 전하였으며 당연히 [해박 현룡의 大도쉬는 앞으로 오는 도수입니다.

상제님 도덕은 집단 간에도 합덕 조화를 이루게 하시어 천하평을 이루시게 하실 수 있는 기운인 것입니다.

하물며 선천의 위계 속에서 이와 같은 상제님 도덕을 어찌 공부하고 추구할 수가 있겠으며 웅패의 기운은 근본적으로 수하 사람들이 자신에게 복종과 충성토록 만드는 삿된 욕심을 가지고 있는 기운이므로 우리 쪽이건 남의 쪽이건 같이 여기게 만들 수 있는 상제님 도덕을 절대로 받아들일 수 없는 기운인 것입니다. 당연히 [해박 도쉬가 있고 나서야 비로소 상제님 도덕이 다시 전해질 수가 있는 것입니다.

　　　　　　　　　　　상서가 무르녹는 지상 선경으로 가는 길

이는 동방의 한 사기가 하는 방해이나 음양합덕의 태극원리 정음정양의 기동이 도수에 이르렀으니 어려워도 혼자서 해야 하고 남의 도움을 받지 않는 것이 옳으리라.

옥황상제님께서 8·15 해방 수일 전에 큰 대나무에 태극기를 달고 숭도 부인께 혼자 붙들게 하시고 공사를 보실 때 동방에서 거세게 불어오는 바람이 요사하여 부인께서 쓰러지시려 하자 임원들이 부인을 부축하려 할 때 이를 만류하시면서 하신 말씀입니다.

상제님께서 고부인에게 [천하 일등 무당]이라 하시고 大道와 비유하심과 같이 옥황상제님께서도 부인께 임무를 맡기신 것이며 大道가 회룡하고 [정음정양]의 운을 시작시키시는 도수를 보신 것입니다.

판밖에서 남의 의뢰 없이 남 모르는 법으로 일을 꾸미는 것이 [구천의 도수]이므로 [어려워도 혼자서 해야 되고 남의 도움을 받지 않는 것이 옳으리라] 하신 것입니다.

[백 년 후의 일을 백 년 전에 꾸미신다]라는 말도 있듯이 구천상제님, 옥황상제님 공사는 모두 주변 정세와 비유하시어 먼 훗날의

도수를 보신 것이며 모두 상제님 도문안에서 전개되는 일인 것입니다.

일본이 배은망덕 줄을 범함으로 판밖에서 일을 꾸며 상극지리라 하신 기운을 물러가게 하시고 大道가 회룡하여 정음정양의 운을 시작시키시는 것이 상제님 도수이니 동방의 한 사기라 하심이 누구를 뜻하시겠으며 상제님께서 [선천세상에서는 상극지리가 인간 사물을 맡아 모든 인사가 도의에 어그러졌다] 하심과 같이 이 기운이 물러가야 道의 이치에 맞는 올바른 법이 시작이 될 수 있는 것은 당연한 일인 것입니다.

옥황상제님께서 보천교에서 궤를 가지고 나오신 후에 일본에게 한 번도 패한 적이 없었던 이순신 장군의 검과 같은 검을 만드시어 검무도수를 보심도 大道를 해하려는 현무의 기운을 막아내시는 도수를 보신 것입니다.

자신의 공로로 大道가 출현하게 되었음에도 결국은 대도가 성공하면 죄벌을 피할 수 없는 운명이 된 것이 억울하여 大道를 작폐(作弊)하려 하기 때문입니다.

하물며 이 인물이 남이 가지고 있지 못한 능력으로 오랫동안 大道를 해하려 하였다 한들 세상 누가 알 수가 있겠으며 더욱이 일반 도인들이 大道의 존재를 어찌 믿을 수가 있겠습니까?

상서가 무르녹는 지상 선경으로 가는 길

장차 수많은 수도인들이 이 인물의 기운을 받아 大道를 해하려 하면서도 자신들이 얼마나 무서운 죄를 짓는지도 전혀 모르고 죄를 짓게 되는 것입니다.

이제 해방도수로 창생들을 자유, 자활하게 하였으니 그로써 천하에 독립국가가 군립하고 道와 敎도 우후죽순처럼 총생하리라. 그중에서도 이 땅에는 각양각색의 교와 종이 난립할 것이니 이것이 상제께서 [초장 봉기 지세를 이루리라] 하시고 [난법이 난 후에 진법이 나리라] 하신 훈교의 응험이니라.

옥황상제님께서 8·15 해방이 되고 추석 치성을 마치신 후에 하신 말씀이지만 실제로는 훗날의 일을 두고 하신 말씀인 것입니다.

상제님께서 [나의 일이 장차 초장 봉기 지세를 이루어 각색이 혼란스럽게 일어나되 다시 진법이 나리라] 하심이 해방 후에 있을 일을 두고 하신 말씀이 아닌 것입니다.

[선천개벽 이래 인류가 상극운에 갇혀 살아왔느니라] 하심과 같이 위계와 체계를 세워 남을 구속시키던 선천기운을 거두시는 도수이며 [정음정양]의 새로운 운을 시작시키시는 도수를 보신 것입니다.

이에 따라 상제님 도문안에서 수많은 단체가 우후죽순처럼 생겨나는 것을 세계정세와 비유하시어 말씀하신 것입니다.

선천의 위계 속에서 수도하는 도인들이 [세계일가]가 이루어지는 세상의 새로운 도덕을 어찌 추구할 수가 있겠으며 현재 도문안의 기운도 서로 자기 방면을 위해주고 자기 쪽을 위해 주어야 되는 기운이지 어찌 中이라는 하늘의 도덕을 공부라도 할 수가 있는 기운이며 당연히 선천기운이 물러가야 상제님 도덕이 전해질 수가 있는 것입니다.

　　하물며 선천의 그릇된 기운을 고집하여 도인들을 수하에 두고 통제하고자 하면 밑의 도인들이 어찌 무극의 대운을 체득할 수가 있겠으며 당연히 자신도 선경의 대운을 얻을 수가 없는 것입니다.

부산은 이 나라 제일의 국제항인 관문일뿐더러 장차 만방의 사람과 물화가 이곳을 통하는 군창지 생문방이며 새서울이니 대해라야 대어가 살고 대지라야 대신명이 임함이니라.

구천상제께서도 병오년 가을에 이곳에 임어하시어 백 마리의 소를 대신한 백우를 잡아 공사를 보셨으며 또 부산의 글자현이 八金山 또는 入金山이라.

[내가 장차 금산사로 들어가리라] 하신 곳이 이곳이니 천장길방인 태극의 원점의 기지를 입금산이라야 얻을 수 있느니라.

또한 가마산이 곧 솥산인 줄도 알라.

옥황상제님께서 부산에 들어오시고 [마하사]에서 도수를 보신 후에 [이번 마하사 도수는 입금산 도수이며 이제 부산에 들어왔으니 팔문을 열고 운수를 받아들여야 하느니라] 하고 말씀하셨습니다.

실제로는 판밖에서 일을 꾸미며 일본이 물러감에 따라 [금산도득]하여 진짜 [새서울]인 솥산에 들어가는 것이 입금산(入金山) 도수이며 이때부터 선천의 상극운이 물러가고 선경의 대운이 시작이 되므로 [이제 부산에 들어왔으니 팔문을 열고 운수를 받아들여야 하느니라] 하신 것입니다.

상서가 무르녹는 지상 선경으로 가는 길

지방 임원들은 속히 임지로 내려가서 도인들을 독찰하여 난국을 극복하되 경거망동하면 자신뿐만 아니라 가족 친지까지 연루되어 패망할 운수이니 깊이 명심하라. 이는 내가 보는 복중 팔십 년 도수로서 기도문이 열리는 도수이니라. 누차 말한 바와 같이 동청룡이 동하매 천하의 기운이 이곳으로 쏠리고 회룡이 현하매 세계 대신명들이 이곳으로 몰림이니 천기는 어찌할 수 없느니라.

천하가 소란하고 강산이 초토가 되어 무고한 창생이 도륙을 당할 것이나 그대들은 오직 나와 道를 믿고 一心을 가지면 지난 도난에서와 같이 무사할 것이며 이 고비를 지나야만 나는 또 하나의 큰 도수를 성취할 수 있느니라.

옥황상제님께서 6·25 전쟁 열흘 전에 봉천명 치성을 마치시고 임원들에게 엄명하신 것입니다.

동청룡이 기동하고 회룡이 현(見)하는 것과 6·25 전쟁이 도대체 무슨 연관이 있겠으며 수천 년 동안 인계와 신계를 지배하였던 웅패의 운이 끝이 나고 새로운 운이 시작이 될 때 어쩔 수 없이 환란이 오게 되므로 전쟁괴 비유하시어 공사를 보신 것입니다.

상제님께서 [황계성 죽지 털고 판밖 소식이 이르러야 내 일이 이루리라] 하셨으며 황응종이 누런 닭을 삶아 올리자 [황계가 동하니 적벽대전이 벌어질 조짐이로다] 하심이 황계가 곧 선천세상에서 인간 사물을 맡았다는 상극지리를 두고 하신 말씀입니다.

[해박 현룡의 大도수]로 그의 기운이 꺾이고 나서야 大道가 회룡하여 선경의 대운이 시작이 될 수 있으므로 하신 말씀이며 웅패의 운이 끝나고 새로운 운이 시작이 될 때 분란이 일게 되므로 [적벽대전이 벌어질 조짐이로다] 하시고 옥황상제님께서도 전쟁과 비유하시어 공사를 보신 것입니다.

이 때문에 [기도문이 열리는 도수]가 있는 것이며 당연히 선경의 대운이 시작이 될 때 경거망동하여 이를 해하려 하면 가족 친지 조상 선령신들까지 모두 연루되어 패망할 운수가 되는 것입니다.

선령신들이 60년 동안 공을 들여 자손을 타내는 것도 선령신들의 업을 닦고 선경세상으로 인도해줄 자손이 있어야 되기 때문이며 하물며 자손이 종래에는 척신들의 세력에 넘어가 선경의 대운을 해치려 하게 되면 어찌하겠으며 당연히 온 가문이 잘못되는 것입니다.

구천상제님께서도 어린아이가 우물이 무엇인지 모르고 빠져 죽듯이 장차 많은 수도인들도 공사의 실체를 전혀 모르고 척신들의 세력에 휩쓸려 잘못된다고 하셨으며 [구십가솔총몰사]라고 까지

하셨습니다.

하물며 어찌 경거망동을 할 수가 있겠으며 도전님께서 [내가 가장 걱정이 되는 것은 도인 상호 간에 시기 질투가 있다는 점과 상제님 도인이 아니고 수임선감의 도인이라는 점이다] 하심도 상극운을 종식시키시고 새 세상을 여시고자 하시는 상제님 도인이 되지 못하고 상제님께 대적하려는 인물의 도인이 되어 선경의 대운이 시작이 될 때 이를 해치고자 하는 수도인들이 있기 때문입니다.

채지가에 [저의 피를 제가 먹고 저의 고기 제가 먹어 못 할 일이 전혀 없네] 하는 것도 상제님께 대적하려는 인물의 악충을 받은 수도인들이 온갖 난동을 부리는 것을 두고 하는 말인 것입니다.

하물며 상제님 공사를 훤히 알고 있으면서 도인들을 속이고 의도적으로 그리하게 만들어놓은 인물은 도대체 어떤 인물이며 아무리 겉으로는 남다른 능력을 가지고 있다 하여도 속으로 그리 악한 마음을 숨기고 있으니 상제님께서 걸악(桀惡)이라 하신 것입니다.

[성서에 지혜의 천사장 능력의 천사장이지만 야심이 가득하여 하느님께 대적하여 사탄이 되었다 하는 인물이 실제로는 상극지리를 두고 하는 말이며 성서의 내용이 미래에 있을 일을 누군가가 알아 과거에 있었던 일처럼 전한 것입니다.

예전에 그와 같은 천사장이 언제 있었으며 옛적에 천사장이 있었다면 태호 복희씨 염제 신농씨 황제 헌원씨 같은 성인들이 천사

장인 것이며 실제로는 선천에서 인간 사물을 맡았다는 상극지리가
자신의 운이 다 되었을 때 역신이 되어 상제님 천지공사를 근본적
으로 해치려 하는 것을 두고 하는 말입니다.

　　　　　　　　　　　　　상서가 무르녹는 지상 선경으로 가는 길

이로써 이곳 도수를 마쳤으니 천장길방인 길지를 찾아 도강이서하여 정주할 대이동 도수와 상제님께서 정하신 대학도수가 돌아오느니라.

운수는 좋으나 고난이 많으리니 그대들이 감내할지 걱정이로다.

옥황상제님께서 보수동에서 도수를 마치시고 감천으로 이주하시기 직전에 하신 말씀입니다.

감천을 [새서울]이라 하심과 같이 훗날의 도인들이 진짜 [새서울]에 들어가는 도수이며 이때부터 선경의 대운이 시작이 되고 [상씨름]도 시작이 되는 것입니다.

후에 감천에 들어오셔서 [이때를 어찌하여 초한도수라 하는지 아느냐] 하심과 같이 [초한도수]가 곧 [상씨름]입니다.

상제님께서 대학교 공사를 보시면서 청수를 마시게 하시는 공사가 곧 온 세상에서 고갈이 되었다 하신 물기운을 전해주시는 공사이시며 [이것이 복록이로다] 하심이 곧 선경의 복록과 수명을 얻는 운수라는 말씀입니다. 운수를 말씀하심도 물기운이 대학도수로 전해지기 때문입니다.

수천 년 동안이나 상극세상에서 살아온 사람들이 어찌 하루아침에 마음이 바뀌어 세계일가가 이루어지고 상생만 한다는 세상의 새로운 도덕을 체득할 수가 있겠으며 당연히 상극세상에서 몸과 마음에 밴 그릇된 기운을 모두 버릴 수 있어야 새 세상의 기운을 얻을 수 있으므로 공부하는 도수가 있는 것입니다.

大道가 성공하기 위해서는 환란을 피할 수 없고 지상선이 되고자 하는 도인들도 그만한 고난이 뒤따를 수밖에 없지만 운수 하나 보고 온갖 고생을 참고 견디어온 사람들이 운수가 무엇인지도 모르고 정작 운수가 시작이 될 때 이를 막고자 하면 어찌하겠으며 환란을 겪는 사람들은 아무리 어려운 일을 겪는다 하여도 그만큼 죄도 풀리고 공덕도 쌓게 되지만 환란을 일으키는 사람들은 상제님 공사를 근본적으로 해치려는 것이니 종래에는 그 죄를 감당하기 어려운 것입니다.

선천 수천 년 동안이나 인류가 남다른 능력을 가지고 있다 하여도 야심 가득하여 수많은 백성들을 전쟁터로 몰아 희생을 시키고 남의 백성들에게 온갖 화를 끼쳤던 웅패들을 오히려 추앙하고 신격화까지 하던 세상에서 살아온 것이 아니고 무엇이겠으며 이와 같은 그릇된 기운 속에서 살아와 수많은 수도인들이 道의 진리를 바로 보지 못하고 자신도 해치고 세상도 해치려는 웅패에게 속아 온갖 환란을 일으키게 되는 것입니다.

상제님께서 천지공사를 마치실 쯤에 [胡來不覺潼關隘(호래불각동
관애) 龍起猶聞秦水淸(용기유문진수청)]이라는 한시를 외워주셨으며 오
랑캐가 동관이 위험한 곳인 줄 모르고 쳐들어오나 용이 일어날 때
는 오히려 진(진시황)이 기운을 맑게 해주었다는 소리를 듣게 된다
는 말씀으로 웅패가 大道가 성공하는 것을 막기 위하여 온갖 풍
파를 일으키나 때가 되면 오히려 기운을 맑게 해주어 大道가 성공
할 수 있도록 도와주었다는 소리를 듣게 된다는 뜻입니다.

주회암의 무이구곡과 송우암의 화양구곡이 좋다 한들 어찌 나의 감천구곡만 하랴. 내가 초패왕 강동자제 팔천인의 해원도수로 이제 팔백호의 천장길방을 여는 공사를 마쳤으니 구천상제님께서 짜놓으신 오강록 도수에 맞느니라.

상제께서 일찍이 허령부로써 태인도장, 지각부로서 회문도장을 점지하신 허령도수와 잠룡지각도수를 마쳤으니 이제는 그대들이 현무경 신명부를 보라.

무이구곡을 좌서하신 이길방 명당 보화성역 청학동에 그대들이 살게 되었으니 다시 천운에 사은숙배를 올려야 할지니라.

또 너희들이 오늘은 이렇게 고생하나 도통은 고사하고 광제(廣濟)에 참여하여 도인이라는 소리만 들어도 만승천자가 눈 아래에 내려다보일 날이 있으리라.

옥황상제님께서 을미년(1955) 가을에 감천으로 이주하시면서 하신 말씀이며 당연히 훗날의 도인들이 진짜 새서울에 들어가는 도수를 보신 것입니다.

이때 허령도수와 잠룡지각도수를 마치셨다 하셨지만 [잠룡지각도수는 8·15 해방으로 십 년 전에 마치신 것이 아니고 무엇이겠으며 당연히 훗날에 大道가 잠룡지각도수를 거쳐 회룡 현룡하는 도수를 보신 것입니다.

광제(廣濟)라 하심은 장차 大道가 성공하고 그동안 大道가 성공할 수 있도록 조금이라도 도움을 준 사람에게 보은을 하는 것입니다.

내가 1년 전에 너희들에게 혁신도수를 명하였으나 아직도 혁신이 되지 않았으므로 다시 혁신을 명하노라. 너희들은 각자 자신의 죄과를 낱낱이 서자로 적고 앞으로는 반드시 반성 개과할 것을 맹서로 올리라. 맹(盟)은 혈성(血誠)이라야 하고 서(誓)는 나에게 하는 말이니 명심하라.

이번 혁신도수로써 지금까지 지은 죄는 용서하되 앞으로 짓는 죄는 자의에 맡기고 내가 관여하지 않으리라. 그러나 너희들은 내 그늘을 벗어나면 죽으리라.

옥황상제님께서 감천으로 이주하시기 얼마 전에도 三忘五忌(삼망오기)로 혁신하는 도수를 보셨으며 감천이 곧 [새서울]이고 도인들이 장차 진짜 새서울에 들어갈 때는 이때부터 [세계일가]가 이루어지는 선경의 대운이 시작이 되는 것입니다.

당연히 이때부터는 편을 갈라 온갖 불화를 일으키던 선천의 그릇된 인습을 모두 버려야 되므로 혁신도수를 보신 것입니다.

상제님께서 천지공사를 보시면서 훗날의 일을 손바닥 보시듯이

상서가 무르녹는 지상 선경으로 가는 길

훤히 알고 계셨으며 옥황상제님께서도 같으신 것입니다.

도전님 화천하신 후에 종단에서 분규가 생기고 온갖 반목과 불화가 생기는 것을 어찌 모르실 리가 있었겠으며 당연히 선경의 대운이 시작이 될 때는 이로 비롯된 과오를 용서해주시는 훗날의 도수를 보신 것입니다.

옥황상제님께서 [내가 말한 새서울이 어찌 일국의 수도이랴. 새서울은 상제님 도수에 따라 통일신단 조화정부에서 내가 공부하여 설법하는 三界를 광구할 태극기동의 원점이니라] 하심과 같이 [새서울] 공사가 이루어지고 [조화정부] 공사가 이루어져야 비로소 태극을 기동시킬 수 있는 기운이 전해지는 것입니다.

당연히 이것이 [3·8 동방 목운을 회선시키는 도운]이며 하물며 현재 도문에서 수도하는 사람들이 아직 도운이 시작도 안 되었다는 것을 어찌 받아들일 수가 있겠습니까?

그만큼 선천기운은 道의 진리와 상반된 상극운이므로 선천운이 물러가고 새로운 운이 시작이 되는 것이 [평천하]를 이루실수 있는 상제님 도덕이 세상에 전해지는 도운이 시작이 되는 것입니다.

당연히 상제님께서 수도하는 사람들이 공사의 실체를 미리 알수 없도록 도수를 보셨으므로 현재 도인들도 상제님 공사의 실체를 모르고 있는 것이 현실인 것입니다.

하물며 자신들의 주장은 옳고 남의 주장은 잘못된 것이라 한다면 어찌 맞을 수가 있겠습니까?

　그동안 자신들의 주장이 무조건 옳다는 그릇된 관념을 모두 버
려야 되는 것이며 그동안 불화하던 일을 반성하고 개과하고자 하
여야 되는 것입니다.
　편을 갈라 불화하는 마음을 버리지 않고 새 세상의 운수를 얻는
법이 어찌 있을 수가 있겠으며 도통을 구하고자 한다면 어찌 가능
할 수가 있겠습니까?
　다행히 그동안의 도문안에서 있었던 과오뿐만 아니라 자신이 지
은 죄도 한 번 용서해주실 때가 있는 것이며 그렇지만 연원줄을 벗
어나면 선경세상을 볼 수 없게 된다는 말씀입니다.

　　　　　　　　　　상서가 무르녹는 지상 선경으로 가는 길

배를 타고 항해 중에는 풍랑을 만나면 아무리 위험하더라
도 방향을 바꾸지 말고 그대로 항해하여야 하느니라.

만약 위험을 피하려고 항해를 멈추거나 방향을 바꾸려 하
면 항해는 고사하고 배까지 전복을 시키나니 도를 믿고 닦
는 일도 그러하니라.

옥황상제님께서 장차 [남조선 뱃도수]인 선경의 대운이 시작이
되고 [무극시태극]의 진법이 시작이 될 때를 두고 하신 말씀이며
척신들의 극심한 방해가 온다 하여도 이에 굴하지 말고 직진하여
야 성공할 수가 있게 된다는 말씀입니다.

목적이 같아도 서로 뜻이 맞지 않고 주장하는 것이 다를 때는
서로 양보도 하고 타협도 하는 것이 경우에 맞는 일이지만 척심들
의 세력은 근본적으로 상제님 천지공사를 해치는 것이 목적이므
로 이들과는 절대 타협도 해서도 안 되고 양보를 해서도 안 되는
것입니다.

옥황상제님께서 [무릇 정신생활이나 현실생활의 용에는 공(攻)이
있고 수(守)가 있나니 사와 비는 맹공을 하고 정과 진은 고수를 하

되 이러한 도심의 용은 신명(身命)을 도(賭)하는 정심 일심이 있어야 하느니라] 하심도 이와 같은 때를 두고 하신 말씀이며 몸과 목숨을 거는 정심 일심이 있어야 된다는 말씀입니다.

大道가 성공하면 천지에 있는 모든 죄 많은 영혼들은 모두 죄과를 치르고 소멸이 될 수밖에 없는 것이며 당연히 大道가 성공하는 것을 막기 위하여 배신한 도인들에게 붙어 온갖 난동을 부리게 되는 것입니다.

어쩔 수 없는 과정이 아니고 무엇이겠으며 [그대들 뒤에는 언제나 보호신이 따라다니니 걱정이 무엇이 있으랴. 그러나 좋은 일에는 항상 마가 많고 파란곡절이 있는 법이니 좋은 운수를 받으려면 먼저 그만한 시련이 있음을 명심하라] 하심과 같이 옥황상제님께서 말씀하신 지상선(地上仙)이 되고 인간신(人間神)이 되고자 하면 그만한 시련이 없을 수가 없는 것입니다.

　상서가 무르녹는 지상 선경으로 가는 길

헌 집을 뜯어야 새집을 지을 수 있느니라.

선천과 후천은 서로 상반된 기운이 주도하는 세상이며 당연히
새 세상의 운수가 시작이 될 때는 선천의 모든 법을 거두시게 되
는 것입니다.

그동안의 도문안의 기운도 모두 수천 년 동안 이어져오던 같은
선천기운이지 어찌 다른 기운이 될 수가 있겠으며 당연히 그동안
선천법으로 수도하면서 몸과 마음에 밴 도의에 어긋나는 그릇된
인습을 하나부터 열까지 모두 버릴 수 있어야 되는 것입니다.

선천은 천운 자체가 天地否운이므로 윗사람이 권위를 세워 밑의
사람을 다스리는 기운이지만 후천운은 반대로 음을 높이고 낮은
것을 높여주는 地天泰(지천태) 운이며 당연히 선경의 운수를 얻고
자 한다면 [천지비]의 선천기운을 세상없어도 버릴 수 있어야 되는
것입니다.

인연자가 본래부터 자기 밑의 사람이라도 되는 줄 착각하여 연
줄을 따져 자기 수하 사람처럼 여기는 마음 자체를 버려야 되는 것

입니다.

이와 같은 기운이 남을 수하애 두고 지배하던 웅패의 삿된 욕심에서 비롯된 기운일 뿐이지 어찌 경우에 맞을 수가 있겠으며 자신과 다르지 않은 같은 존재로 여기고 서로 도리에 알맞게 하는 것이 경우에 맞는 것이 아니고 무엇이겠습니까?

상제님께서 천지공사를 보시고 화천하신 지가 도대체 언제이며 하물며 아직도 세상에서 끊어지고 고갈이 되었다는 기운이 전해지지 않았다는 것을 어찌 이해할 수가 있겠으며 그만큼 상제님 도덕과 상극지리라 하신 웅패의 기운은 상반된 기운이므로 이 기운이 지배하는 기운 속에서는 전해질 수가 없는 것입니다.

[말세를 당하여 무극대운이 열리리라] 하심과 같이 선천운이 물러가고 나서야 무극의 도덕이 전해지게 되는 것입니다.

상제님 공사도 때가 되면 선천의 그릇된 법을 모두 거두시고 새로운 법을 시작시키시듯이 수도하는 사람들도 때가 되면 선천기운을 모두 버릴 수 있어야 새 세상의 운수를 얻을 수 있게 되는 것입니다.

이무기는 연조(年條)만 많이 보내고 뿔이 나지 않으므로 장난꾼에 지나지 않느니라. 너희들은 용두성각(龍頭成角)이 되어야 용화회에 참여할 수 있느니라.

옥황상제님께서 [용화회]라 하심은 상제님께서 [후천 선경세상을 열 조화정부]라 하심과 같이 조화정부를 두고 하신 말씀이며 [채지가에 [들어가세 들어가세 용화도장 들어가세] 하는 것도 조화정부를 두고 하는 말입니다.

또한 [시법 공부]를 시작시키시면서 [회원은 내가 회장인 용화회 회원이고 진급은 과만이 되어야 회원 될 자격이 있느니라. 이 시법 공부를 마쳐야 합강식에 참례할 수 있느니라] 하심도 용화회에서 진짜 시학, 시법 공부가 있게 된다는 말씀입니다.

이무기와 비유하심은 도문에 들어와 수도한 년수만 많이 보내고 道의 바른 진리에 눈을 뜨지 못하면 수도의 의미가 없다는 말씀입니다.

수도하는 사람들이 누구나 군자가 되고자 하는 것이 아니고 무엇이겠으며 도통군자는 인존시대를 맞이하여 하늘이 하던 일을 사람이 하는 것이며 하물며 서로 자기 쪽만 옳고 중한 줄 아는 사람의 편소한 마음을 버리지 못하면 어찌 가능한 일이 될 수가 있겠습니까?

당연히 집단 간까지라도 치우치지 않는 상제님 도덕을 체득할수 있어야 군자가 될 수가 있는 것이며 자기 쪽에 치우쳐 온갖 반목과 불화를 일으키는 사람의 편소한 마음을 버리지 못하면 세상없어도 성도를 할 수가 없는 것입니다.

성도라 하심도 내 몸을 이루는 수많은 정과 기가 바르게 조화를 이루어 태극을 이루는 것을 성도라 하는 것이며 인심은 세상없어도 그리 만들 수가 없는 것입니다.

수도를 하는 사람들이 때가 되면 도통기운이라도 내려 도통받는 줄 착각하기도 하지만 그와 같이 도통하는 경우는 세상에 없는 것이며 먼저 마음 공부를 하여 무극의 체가 전해질 때 이를 얻을 수있어야 되는 것이며 이후에 수도정진하여 내 몸과 마음이 모두 상제님 도덕에 의하여 바르게 조화를 이룰 수 있어야 도통진경에 이르게 되는 것입니다.

먼저 성도를 이룬 후에 대강식을 통하여 신명까지 얻어야 소원성취할 수 있게 되는 것입니다.

상서가 무르녹는 지상 선경으로 가는 길

夫(부) 道也者(도야자) 天所命而(천소명이) 人以行之者也(인이행지자야) 仰之彌高(앙지미고) 鑽之彌堅(찬지미견) 瞻之在前(첨지재전) 忽然在後者也(홀연재후자야)

누구라도 道를 눈으로 보고 믿지는 못할 것이요 다만 진법도리를 깨달아 믿는 것이니라. 소경이 꽃을 보지는 못하여도 향기를 맡고 알듯 道는 보는 것이 아니라 심공(心工)으로 깨닫는 것이므로 心不在道(심불재도) 道在心工(도재심공)이니라. 무릇 道라고 하는 것은 하늘이 명하고 사람이 행하는 것이니라. 우러러보면 더욱 높고 뚫고자 하면 더욱 강해지며 앞에 있는 듯하다가 홀연히 뒤에 있게 되는 것이니라.

상제님께서는 道의 체를 귀신이라 표현하셨으며 仰之彌高 鑽之彌堅 瞻之在前 忽然在後者라 하심도 귀신이라 하신 道의 體를 두고 하신 말씀이며 곧 천명지성(天命之性)의 체를 뜻하시는 것입니다.

엉뚱한 주장을 하는 사람들이 서로 자기들이 [진법]이라 하기도 하지만 [무극시태극]의 진리가 진법이며 천지의 모든 현상도 무극의 이치에 의하여 음양 두 기운이 태극의 원리로 합덕하고 조화가 이루어지는 현상이며 [무극시태극] 외에 다른 이치가 있는 것이 아닌 것입니다.

이 진리를 깨닫는 것이 진법도리를 깨닫는 것입니다.

결국은 서로 자기 쪽을 위하고 이로움을 도모하는 것이 당연한 줄 아는 선천기운이 근본적으로 道의 진리와 상반된 기운이고 음양을 상극하게 만들고 부조화하게 만들어 자신도 해치고 세상도 해치는 기운이라는 것을 깨닫고 자기 쪽에 치우침이 없이 서로 덕을 베풀 수 있는 태극의 진리가 자신도 구하고 세상도 구할 수 있는 진리라는 것을 깨닫는 것이 진법도리를 깨닫는 것입니다.

상제님께서 [물기운이 고갈이 되었다], [충, 효, 열이 끊어졌다] 하심도 이 기운을 두고 하신 말씀이며 운수라 하심도 귀신이라 하신 道의 체가 다시 전해지는 것을 두고 하신 말씀입니다.

결국은 道를 얻는 것이 운수인 것입니다.

道를 얻어야 성도도 할 수 있게 되고 종래에는 불로불사할 수 있는 몸을 이룰 수가 있는 것이니 이것이 운수인 것입니다.

상서가 무르녹는 지상 선경으로 가는 길

무릇 모든 종교는 국제 정치나 국내 정치에 관여하지 않으나 오도는 가르침과 정치를 일체로 하느니라. 태극의 원리는 우주의 大道이므로 모든 정치의 근본 사상임을 그대들은 알아야 하느니라.

지금 미국 소련 양 대국이 앞장서서 자유 공산의 양 진영이 대립하여 상극 상충 상투 상해함으로써 인류가 진멸지경에 처한 현상은 신계를 비롯한 인계의 피하지 못할 선천 과도역정의 비겁(否刦)도수이니라.

이것이 내가 해결해야 되는 큰 소임이며 나의 강세와 공부 목적도 이에 있느니라. 그러나 나의 근본 소임은 인계에 국한하지 않고 하늘도 뜯어고치고 땅도 뜯어고치며 사람의 상극정신도 뜯어고치는 구천상제의 도수를 합덕 조화 해원 상생의 태극진법으로 실현하여 三界에 보화(普化)하는 청화 오만 년 선경을 건설함에 있으니 인류의 화평은 무위이화이니라.

[비겁(否刦)도수]라 하심은 음양이 서로 통하지 못하고 막히고 서로 상해 상충하는 기운을 두고 하신 말씀입니다.

선천은 天地否라 하듯이 근본적으로 음양이 상극할 수밖에 없는 운이며 인간계와 신명계가 피할 수 없는 과정이라는 말씀입니다.

상극이 인간 사물을 지배하여 三界가 모두 진멸지경에 이르게 되어 상제님께서 어쩔 수 없이 인세에 오시어 三界를 모두 뜯고 치고 새 하늘과 새 땅을 여시는 공사를 보신 것이 아니고 무엇이 겠으며 진멸지경에 이르지 않았다면 상제님께서 인세에 오실 일도 없는 것입니다.

상서가 무르녹는 지상 선경으로 가는 길

同聲相應(동성상응)하고 同氣相求(동기상구)하야 水流濕(수류습)하고 火就燥(화취조)하며 雲從龍(운종룡)하며 風從虎(풍종호)이니라. 聖人(성인)이 作而(작이) 만물이 覩(도)하나니 本乎天者(본호천자)는 親上(친상)하고 本乎地者(본호지자)는 親下(친하)하나니 則各從其類也(즉각종기류야)니라.

동청룡 기동도수로 진시 삼천지반이니 대운대사 소원성취가 불원임을 고하노라.

같은 소리는 서로 응하고 같은 기운은 서로 구하고 물은 흘러 습하게 하고 불은 퍼져서 마르게 하며 구름은 용을 따르고 바람은 범을 따르느니라.

성인이 일을 꾸며 만물을 살펴보니 하늘에 근본하는 것은 하늘과 친하고 땅에 근본하는 것은 땅과 친하나니 즉 각각 같은 류끼리 따르느니라.

옥황상제님께서 화천하시기 전해인 정유년(1957) 새해 초에 보신 공사이며 신사년인 1941년 초에도 김용직에게 [나의 道가 구천상제님의 인덕도수를 마쳐드린 다음 잠룡한 지 벌써 6년에 접어들었으니 이제는 나의 인덕도수인 의관정제 진시 삼천지반의 회룡도수가 다가오고 있으니 너는 지방에 내려가서 다시 포덕에 힘쓰도록 하라] 하심과 같이 8·15 해방 때 [해박 현룡의 大도수]로 大道가 회룡하는 도수를 보심도 선천기운을 주도한 북현무의 기운을 물러가게 하시고 동청룡이 회룡하는 도수를 보신 것이며 [구변구복(九變九復) 도수]라 하심과 같이 같은 공사를 반복하시어 보신 것입니다.

동청룡이 기동하는 것이 선천운이 끝이 나고 후천운이 시작이 되는 것이며 상제님께서 가운데에 점을 치시고 [이 점이 될 때는 세상일이 다 되느니라] 하심도 이때를 두고 하신 말씀인 것입니다.

또한 [나의 일이 장차 초장 봉기 지세를 이루어 각색이 혼란스럽게 일어나되 다시 진법이 나리라] 하심도 정음정양의 운이 시작될 때를 두고 하신 말씀입니다.

상극이 지배한 선천운이 물러가고 상생만 하고 [세계일가가 이루어지는 세상의 새로운 도덕이 시작이 되는 것이며 이때부터 평천하를 이루실 수 있는 상제님 도덕이 전해지게 되고 이것이 교운과 교법이고 도운과 도법인 것입니다.

수도하는 사람들이 그동안 선천법으로 수도를 하여 선천의 위계를 도법(道法)으로 여기기도 하지만 서로 편을 갈라 온갖 불화를 일으키는 선천기운이 어찌 道의 진리에 맞을 수가 있겠으며 오히려 道와 상반된 기운인 것입니다.

집단 간, 나라 간까지도 태극의 원리로 합덕 조화를 이루게 하실 수 있어 [평천하]를 이루실 수 있는 상제님 도덕이 전해지는 것이 도운이 시작이 되는 것입니다.

[해박 현룡의 大도수로 3·8 동방 목운을 회선시켜 천하 창생들을 구원할 도운]이라 표현하심과 같이 [해박 도수]로 上下의 위계로 사람을 구속시키는 기운이 물러가고 나서야 개인 간뿐만 아니라 집단 간까지도 치우치지 않아 음양합덕을 시키는 도운이 시작이 될 수가 있는 것입니다.

옥황상제님께서 동청룡이 기동하는 도수를 보시고 얼마 후에 대강전을 영건하시고 [시학 시법 공부 법방]을 짜신 것처럼 앞으로도 이와 같이 되는 것입니다.

[대운대사 소원성취가 불원임을 고하노라] 하심도 [대강과 도통의 전제]가 된다는 진짜 공부가 시작이 되므로 머지않아 천지 음양이기를 체득하여 소원성취하게 된다는 말씀입니다.

내 이제 무극과 태극을 통한 황극을 세웠노라.

옥황상제님께서 감천에서 대강전을 영건하시고 [내 이제 무극과 태극을 통한 황극을 세웠노라] 하셨으며 무극 태극의 진리에 의하여 군주가 치세를 하는 올바른 법이 세워지는 것이 황극입니다.

터럭만큼도 치우치지 않는다 하신 무극인 상제님 도덕에 의하여 개인 간뿐만 아니라 나라 간 사이에서도 같이 여겨 서로 도와 합덕하고 조화가 이루어지는 것이 태극의 진리가 아니고 무엇이겠으며 이와 같은 무극 태극의 진리를 치세의 푯대로 세우는 것이 황극입니다.

선천의 모든 기운이나 현 세상의 모든 기운도 마찬가지로 서로 자기 쪽의 이로움을 도모하는 기운이 아니고 무엇이겠으며 그러니 지역 간이건 나라 간이건 갈등과 분쟁이 안 생길 수가 없는 것입니다.

천하 사람들이 수천 년 동안 상극운 속에서 살아와 이를 당연한 줄 알고 지극히 정상으로 여기는 것이 현실이지만 장차 병겁이라는 대재앙이 인류에게 닥쳐와 수많은 인류가 화를 입게 되는 것도

상서가 무르녹는 지상 선경으로 가는 길

이와 같은 그릇된 기운이 몸과 마음에 깊이 배어 있기 때문인 것입니다.

인신을 소천지라 하듯이 사람의 육신도 세상과 같은 것이며 서로 자기 쪽의 이로움을 추구하여 온갖 반목과 불화를 일으키는 세상이나 천하 사람들 내면도 같은 기운이 주도함으로 부조화하고 혼란스러운 것은 마찬가지인 것입니다. 암이나 그 밖의 모든 기저 질환도 결국은 내 몸을 이루는 수많은 정과 기가 바르게 조화를 이루지 못하여 생기는 것이며 결국은 자신이나 자기 쪽의 이로움을 도모하여 남과 불화하는 것은 세상도 잘못되게 만들고 자신도 잘못되게 만드는 기운인 것입니다.

치우치지 않아 음양 두 기운을 합덕 조화를 시키실 수 있는 상제님 도덕이 세상 기운을 주관하여야 나라 간에도 같이 여겨 조화를 이룰 수 있게 되며 나라 안에서도 마찬가지이고 천하 사람 내면에서도 음양이 서로 덕성을 합하여 바르게 조화를 이룰 수 있게 되므로 道를 얻으면 대병과 소병이 자연히 낫게 된다고 하신 것입니다.

천하 사람들이 오랜 세월 상극운 속에서 살아와 道의 진리를 까마득하게 잊어버리고 스스로 파멸을 자초하는지 전혀 모르고 있다 하여도 수도를 하는 도인들이라도 道의 바른 진리를 이해하여 세상 사람들에게 가르치고 전하는 것이 당연히 천하포덕이고 광제

창생인 것입니다.

　상제님께서 황극신 공사를 보시면서 [세계일가 통일정권] 공사를 보심도 세계일가를 이루실 수 있는 상제님 도덕이 곧 황극이기 때문이시며 옥황상제님께서 대강전을 영건하시고 황극을 말씀하심도 이곳이 상제님 도덕을 온 천지에 펼치는 기지가 되기 때문입니다.
　먼저 上下의 위계를 세우고 위무를 써서 자신에게 복종토록 만들던 선천의 그릇된 기운을 반드시 버려야 되는 것이며 이 기운이 곧 상제님께서 말씀하신 상극인 것입니다.
　집단 간 나라 간에도 저희에게 복종토록 만들고자 하여 온갖 전란이 끊이지 않던 세상이 된 것이 아니고 무엇이겠습니까?

　개인 간에 위계를 세우고 위아래로 차별을 두던 선천의 그릇된 인습을 버리고 경(敬)을 근본으로 하여 사람을 올바로 대우하는 것이 황극을 세우는 것이고 집단 간에도 우리 쪽이니 남의 쪽이니 하여 편을 가르고 서로 자기 쪽을 위하던 선천의 그릇된 마음을 버리고 같은 식구로 여겨 서로 부족한 것이 있으면 채워주고 덕성을 합하는 것이 황극을 세우는 것입니다.
　인류가 근본적으로 한 뿌리에서 비롯된 같은 존재가 아니고 무엇이겠으며 서로 해치던 선천은 근본적으로 악이 지배한 세상인 것입니다.

내 이제 오십 년 공부를 종필할 도수이니라.

道의 규모가 무극도 때만 못하고 성전도 옥경대를 본뜬 태인도장만은 못하나 원래 허는 외화 내빈한 법이니라.

대강전도 이만하면 쓰리로되 앞으로 남은 일은 도인들의 수심연성과 천지 음양이기에 대응 상속하여 대강과 도통의 전제가 되는 진법 공부 한 가지뿐이니라. 내가 오십 년 공부로 이룬 광구천하의 공부 법방이니 유일무이한 진법이요 천지대학이요 청학이니라.

내가 다시 한번 강조하거니와 오도의 궁극 목적은 도통이니 수도 없는 도통이 없고 진법 없는 법방이 없으며 법방 없는 수도도 없으니 이제 이 법방의 당진은 도통의 첩경이요 기초동량이니라. 내가 이 법방을 오십 년 공부의 결정이라 하고 또 三界를 광구할 유일한 진법이라 함이 모두 이에 있느니라.

시법 공부는 즉석 강식이니라. 시학을 하고 시법만 잘하면 누구나 도통의 경지를 찾아 선경에 참여할 수 있으리니 이 곧 유일무이하고 외차무극한 태극의 진법이니라.

사람이 죽으면 중천신 또는 황천신이 되나 시학과 시법을 마치면 죽더라도 선경의 신명이 되느니라.

대강식은 후일에 있느니라. 그때는 도인 각자가 집이든 직장이든 어디에 있더라도 전진고가 울리면 대강전으로 몰려들어 문이 있는 데로 올라오게 되리라.
그리하여 자기가 닦은 공을 자기 스스로의 혜각으로 알아서 자기 자리를 찾아서 서게 되므로 오늘같이 혼잡스럽지 않으리라.

지금은 공부 인원이 넉넉하지만 앞날에서 공부반원 구하기가 농촌에서 늦모 심을 때 일꾼 구하기보다도 어렵느니라. 그러므로 도인들을 끔싸래기 아끼듯 하여야 하느니라. 그러나 대강전만 남아도 나의 일은 다 되리니 낙심할 것은 없느니라.
앞으로 배도자의 기승하는 난동과 사술자의 혼천동지하는 현혹에 의심나고 땀날 일이 있으리니 그때에도 너희들은 궁 단속과 법방수행을 잘하라. 제일 중요하느니라.

상제님께서 [이제 천하에 물기운이 고갈되었으니 수기를 돌리리라] 하심도 장차 도인들이 공부 법방으로 수기를 돌리는 것을 뜻하시는 것입니다.

상서가 무르녹는 지상 선경으로 가는 길

[시학]은 무극의 체인 상제님 도덕을 온 천지에 순환시키는 공부이며 [시법]은 大道의 기운을 온 천지에 순환시키는 공부인 것입니다.

옥황상제님께서 [너희들은 시법 공부의 신성함을 더욱 명심하라] 하심도 이 때문입니다.

[기초 동량]이라 하심과 같이 새 세상의 새로운 도덕과 법이며 [현무경]에 기초(基礎) 동량(棟樑)이라 하심도 후천 선경의 새로운 도덕과 법이 시작이 되는 것을 뜻하시며 진법이라 하심도 이를 뜻하시는 것입니다.

상제님께서 [현무경]에 기초 동량을 수차 비기하심도 훗날에 시학 시법 공부가 돌아가게 되는 것을 뜻하시는 것입니다.

공부를 [대강과 도통의 전제]라 하심과 같이 말씀 그대로 대강과 도통을 하기 위해서는 반드시 거쳐야 되는 과정이며 [一日치성 三日도통]이라는 말도 있으니 공부 법방을 거치지 않고 도통하는 경우가 혹 있을지 몰라도 일반 도인들은 이 과정을 거치지 않고 도통과 대강을 얻을 수는 없는 것입니다.

[시학 공부]를 할 때는 무극의 체가 공부하는 도인들에게 응하게 되고 [시법 공부]를 할때는 大道가 도인들에게 응하게 되므로 [즉석 강식]이라 하신 것입니다.

[후천 선경세상을 열 조화정부라 하심도 공부를 돌려 선경세상을 열리게 하는 것이며 당연히 조화정부 공사가 이루어져야 진짜 공부가 오는 것입니다.

시학 시법을 마치면 누구라도 도통의 경지를 찾아 선경에 참여할 수 있게 된다 하셨는데 어찌 그동안 있었던 공부를 두고 하신 말씀이시겠으며 공부반원 구하기가 어렵다 하심도 그만큼 공부에 참여하기가 어렵다는 뜻이시기도 한 것입니다.

옥황상제님께서 궁 단속을 철저히 할 것을 가장 강조하심도 성전에 大道가 봉안이 되기 때문이시며 大道를 해치려는 척신들의 세력이 절대로 성전에 접근하지 못하도록 막아야 된다는 말씀인 것입니다.

그만큼 진심으로 상제님 도덕을 구하고 받들고자 하는 마음이 없는 사람들은 공부에 참여할 수 없게 하신 것이 상제님 도수인 것입니다.

당연히 편을 갈라 온갖 상극을 벌이던 세상에서 물든 그릇된 마음을 능히 버리고 [평천하를 이루실 수 있는 상제님 도덕을 마음으로 받아들일 수 있어야 공부에 참여할 수가 있게 되는 것입니다.

[대강전만 남아도 내 일은 모두 이루어진다] 하심도 大道만 성공하여 용사할 수 있으면 모두 이루어지게 된다는 말씀입니다. 사람이건 천지 만물이건 모두 태어나서 자라고 성숙하는 과정이 있듯

이 大道도 마찬가지로 이와 같은 과정이 있는 것이며 천지에 있는 모든 마들이 배도한 수도인들에게 붙어 大道가 성공하는 것을 막으려 하므로 진짜 공부가 시작이 될 때 환란을 겪을 수밖에 없는 것입니다.

상제님께서 태인 도창현에 있는 우물을 가리켜 [이것이 젖샘이라. 道는 장차 금강산 일만 이천 봉을 응기하여 일만 이천의 도통 군자로 창성하리라. 그러나 후천의 도통군자에는 여자가 많으리라] 하시고 [상유도창(上有道昌) 중유태인(中有泰仁) 하유대각(下有大覺)]을 말씀하심이 곧 大道를 두고 하신 말씀이며 大道가 천지에서 태어날 때도 어머니 격인 땅의 젖을 먹어야 되므로 젖샘을 말씀하신 것입니다.

[상유도창]이라 하심도 大道를 받들고 수호하여 일만 이천 도통 군자로 창성할 수 있도록 공헌한 도인들에게 상통이 있다는 말씀입니다.

그대들은 성, 경, 신을 다하여 이세도인(二世道人)들을 교육
을 시켜 참다운 인재를 양성하라. 앞으로는 임원들과 성인들
도 모두 배워야 하느니라. 청학동에서는 청학을 하여야 하느
니 이 또한 청학도수의 개시이니라.

옥황상제님께서 감천에서 대강전을 영건하신 후에 하신 말씀입
니다.

상제님께서 [청풍명월 금산사]라 하심과 같이 후천 선경의 새로
운 도덕이 시작이 되는 곳이 금산사이며 금산사를 履德之基(이덕지
기)라 하심도 상제님 도덕을 온 세상에 펼치는 기지라는 말씀이고
핵점이 곧 대강전인 것입니다.

앞으로 진짜 대강전이 이루어지면 세계일가를 이루실 수 있는
상제님 도덕이 전해지고 상생만 한다는 선경의 대운이 시작이 되
는 것입니다.

당연히 수천 년 동안 상극세상에서 살아와 몸과 마음에 밴 그릇
된 가치관을 모두 버려야 되는 것이며 새로운 세상의 새로운 도덕
을 체득하기 위해서는 임원이건 성인들도 모두 다시 공부를 하여

상서가 무르녹는 지상 선경으로 가는 길

야 하므로 하신 말씀입니다.

옥황상제님께서 [무극 곧 태극은 우주 생성 변화의 본체이니라]
하심과 같이 도통을 목적으로 [무극 곧 태극]이라 하신 道의 체를
공부하는 것이 청학이고 결국은 상제님 도덕을 체득하기 위하여
하는 공부가 청학입니다.

선천은 강압과 위무로 사람을 복종토록 만들어 다스리는 웅패의
기운이 온 세상 기운을 주도하였으므로 강하고 능력이 있는 사람
이 자신보다 약한 사람을 지배하는 운이고 집단 간에도 강한 나라
가 약한 나라를 지배하는 기운이므로 서로 이기고자 할 수밖에
없으므로 상극운이라 하신 것입니다.

세상 기운이 이와 같으니 당연히 서로 지지 않고자 하게 되고 자
녀들이나 제자들을 가르치는 교육도 오직 남보다 잘하게 만들고
자 하는 기운이 될 수밖에 없는 것이며 현재 도문안의 기운도 같
은 기운이 아니고 무엇이겠습니까?

무극의 체는 오직 덕을 베푸는 기운 자체일 뿐이며 이외에 다른
사가 전혀 없는 기운인 것입니다.

이와 같은 상제님 도덕이 온 천지에 통하여 천지에 있는 물(物)이
모두 이 기운을 받아 음양 두 기운이 합덕하고 조화를 이루어 만
상 만유를 이루는 것이 근본 원리인 것입니다.

흔히 [부부는 일심동체]라는 말이 있듯이 道가 꼭 이와 같아 체

(體)에 음양 두 기운이 구비되어 있지만 마음은 一心으로 같아 항시 동정순환을 하면서 만물을 태극의 원리로 조화시키고 무궁한 변화를 이루게 만드는 것입니다.

하물며 道 안에서 우리 쪽이니 남의 쪽이니 하여 분별을 두고 가림을 두는 사가 어찌 있을 수가 있겠으며 내 식구니 우리 쪽이니 하는 것은 모두 道를 잃어 자기 것만 소중한 줄 아는 삿된 마음에 불과한 것입니다.

당연히 수천 년 동안 상극운 속에서 살아와 이와 같은 그릇된 인습을 버리기 위하여 공부를 하는 것이며 공부를 하지 않고는 뼛속까지 깊이 배어 있는 선천의 오랜 고정관념을 버릴 수 없는 것입니다.

옥황상제님께서 [성, 경, 신을 다하여 이세도인들을 교육을 시켜 참다운 인재로 양성하라] 하심도 선천의 그릇된 가르침을 버리고 道의 바른 기운을 체득할 수 있도록 양성하라는 말씀입니다. 사람은 근본적으로 하느님의 형상을 물려받은 자식과 같은 존재이므로 금수와는 차원이 다른 존재이며 결국은 때가 되면 성불하여 하늘 부모처럼 되기 위하여 수많은 인생을 살아오고 수도도 하는 것입니다.

이제 천지에 가을이 와 인류가 인간 완성이 이루어지는 시점에 이른 것이 아니고 무엇이겠으며 하물며 자녀들이나 배우는 사람들에게 상제님께서 [비열한 공리]라 표현하신 것처럼 오직 자신의 이로움을 잘 도모하게 만드는 그릇된 기운을 심어주면 어찌 합당할수가 있겠으며 결국은 종래에는 결실을 이루지 못하고 잘못되게만드는 기운이 아니고 무엇이겠습니까?

또한 도인들에게 오직 자기 쪽만 옳고 중히 여기게 만드는 현재도문안의 기운이 어찌 합당할 수가 있겠으며 당연히 임원이건 평도인이건 간에 다시 공부를 하여야 道의 바른 진리를 체득할 수 있게 되는 것이며 세상도 마찬가지로 아무리 학식이 높은 사람이라하여도 때가 되면 도인들에게 배워야 道를 회복할 수 있게 되는 것입니다.

포덕은 도인들의 수효를 따지지 말고 성심자를 성심으로 찾으라. 현재의 도인 중에도 장차 태반이 배신자가 될 운도도 있되 그러나 끝까지 대강전을 받들어 수호하며 진법을 수행하는 성심자만 하여도 도운은 흥왕하리라. 모든 것이 천기요 도수이니라. 우려할 바는 아니니 너희는 성심을 다하라.

道를 믿다가 배도 배신하는 자는 대역죄니 진리를 몰라 불신하거나 훼도하는 자와 죄를 비교하면 족히 그 백천 배가 되리라. 국가 민족의 반역자가 외국인이 아니고 평민이 아니듯 道에도 배도 배신자는 항상 도중에서 나고 상급자에게 있기 쉬우니라.

당시에 태극도 도인들에게 하신 말씀이 아니라 후에 진짜 대강전이 이루어질 때를 두고 하신 말씀입니다.

선경의 대운이 시작될 때 선천기운이 깊이 배어 있어 새로운 운을 받아들이지 못하고 오히려 비방하는 경우가 많게 되므로 하신 말씀입니다.

그러나 진법을 공부하고 수행하며 대강전을 수행하는 도인들만 하여도 도운은 흥왕하게 된다는 말씀입니다.

옥황상제님께서 진리를 알면서 배도 배신하는 행위는 족히 백천 배가 된다 하시고 임원들에게 따로 말씀하셨으며 당연히 알면서 사사로운 욕심을 버리지 못해 배도하게 되면 그 죄가 큰 것입니다.

대강을 대강전을 떠나 다른 곳에서 찾거나 도통을 내가 설법한 진법 공부가 아닌 다른 방법으로 얻으려 한다면 그러한 생각만 가져도 벌써 배신 배도자가 됨이니 계지신지(戒之愼之)하라.

진법 공부가 특별한 공부가 아니라 [무극시태극]의 진리를 공부하는 것이며 [무극시태극]의 진리를 체득하여 통하는 것이 곧 道에 통하는 것입니다.

당연히 훗날의 일을 두고 하신 말씀입니다.

나의 일은 구변구복도수(九變九復度數)로 성취되느니라.

    상제님 공사는 아홉 번 변하고 아홉 번 반복하시어 보시는 도수
가 이루어진다는 말씀입니다.
    선천 수천 년 동안 인간계와 신명계를 주도하였던 웅패의 기운
을 물러가게 하시고 이와 상반된 새 세상의 운수를 성공시키기가
결코 쉬운 일이 아니므로 하신 말씀입니다.

내 일찍이 구천상제의 명과 교를 받들어 무극대도의 진체를 체득하고 태극진리를 진용으로 설법하여 오늘에 이름은 오직 군생들을 광구하려 함이니라.

그러나 오늘에 가도 비도가 천하에 횡행하여 방자하게 세인을 혹(惑)하고 있으니 실로 가탄지경이로다.

어찌 오늘뿐이랴. 장래에는 무극의 진체와 태극의 진용을 봉대하면서도 도인의 수도와 미도인들의 포덕을 오도하여 세상을 어지럽히고 사람들을 미혹하게 할 자가 있으리니 이 실로 가체 가용자보다 더욱 이단난적이 되리니 너희는 오직 정도를 닦고 정법을 지키라. 구천상제께서도 공명과 마속의 고사를 들어 경계하셨느니라.

옥황상제님께서 화천하시기 수일 전에 하신 말씀입니다.

옥황상제님께서 8·15 해방 때를 비롯하여 계속 같은 공사를 반복하시어 공사를 보심도 선천기운을 주도한 상극지리의 기운을 거두시고 새 세상의 운수를 시작시키시기 위하여 하신 것이며 선천 수천 년 동안 인계와 신계를 지배하였던 이 기운이 절대적으로 물러가지 않으려 하므로 [구변구복도수]를 보시게 된 것입니다.

　　　　　　　상서가 무르녹는 지상 선경으로 가는 길

공명과 마속의 예를 드심도 장래에 배신하는 인물이 상제님을 가까이 모시던 인물이기 때문이시며 상제님께서 피란동 안씨 재실에 가서서 수기를 돌리시는 공사를 보실 때 [목전의 일만 쉽게 알고 심량없이 하다가 말래지사가 같지 않으면 그 아니 내한인가] 하심도 이 때문입니다.

상제님께서 [아기판 총각판을 지나 상씨름으로 판을 마치리라] 하심과 같이 앞으로 당연히 [초한도수]인 상씨름이 오게 되는 것이며 때가 되면 허강이 먼저 오게 되고 [백의 군왕 백의 장상 도수]가 이때 있게 되는 도수입니다.

허강이 있고 나서야 [천강]이라 하신 무극대운이 열리게 되는 것이며 진법 공부를 해온 도인들에게 무극의 체가 전해지게 되는 것입니다.

이 기운이 곧 의통이며 도인들이 의통기운을 얻고 나서야 수도정진하여 도즉아 아즉도의 경지에 이르러야 비로소 청학 공부를 할 수 있게 되며 상재는 7일 중재는 14일 하재는 21일이면 진법 공부를 하는 도인들은 누구나 道에 통할 수 있게 되는 것입니다.

먼저 성도를 하고 나서야 대강식을 맞이하게 되는 것이며 옥황상제님께서 [내가 성경신을 다한 일심자에게 해인을 일시에 전해주리라] 하심과 같이 이때 大道가 성도한 도인들에게 일시에 전해지게 되어 영원한 소원성취를 이룰 수가 있는 것입니다.

앞으로 상제님 도수가 이와 같이 진행이 되는 것은 웬만한 도인들은 어느 정도 공감할 수 있는 일인 것입니다.

[상씨름]을 모르는 도인들이 어디에 있으며 허강이 먼저 오고 뒤에 진강이 온다는 것을 모르는 도인들이 어찌 있단 말입니까?

이와 같은 도수를 외면하고 자신을 추종하도록 만드는 인물들은 모두 거짓된 인물들인 것입니다.

막연하게 누구를 믿고 따라가면 성공할 수 있으리라 믿는 도인들은 모두 실패하게 되고 오직 집단 간 나라 간까지라도 태극의 원리로 합덕 조화를 시켜 [세계일가]를 이루게 할 수 있으며 상생만한다는 세상을 이루시는 [무극시태극]의 진리를 공부하고 체득하고자 하여야 성공할 수가 있는 것입니다.

제3부

수도의 진리

靈源出(영원출)

綿空早移 浮邑梧弦 枇綠足奈 杷晚笑谷 阮背帶代

靈源出(영원출): 道의 체인 靈이 연원줄로 전해지게 된다는 뜻입
니다.

綿空早移(면공조이): 綿은 솜, 실, 끈이라는 뜻으로 실제로는 사명
기를 뜻하시며 사명기가 일찍이 옮겨져 없다는 뜻입니다.

浮邑梧弦(부읍오현): 浮는 뜨다, 가볍다, 진실하지 않다는 뜻으로
거문고를 켜는 소리가 읍을 떠돈다는 뜻으로 말에 진실성이 없
다는 뜻입니다.

枇綠足奈(비록족내): '푸른(새로운) 비파나무를 어찌 만족을 시킬 수
있겠나?' 枇(비파나무 비), 杷(비파나무 파)는 새 세상의 새로운 도덕

과 법을 뜻하신 것입니다.

新兒大琴(신아대금): '새로운 아이가 크게 거문고를 타니'

杷晩笑谷(파만소곡): '비파나무가 늦게 골짜기에서 웃는다.' 杷는 大
道인 신명을 뜻하시는 것입니다.

阮背帶代(완배대대): '완의 배신으로 띠를 이루고 대를 잇게 된다.'
阮은 언덕 부 변에 으뜸 원 자로 후천 선경으로 넘어가는 언덕과
같은 선천에서 으뜸이었던 인물이 배신함으로 배신 행위가 줄줄
이 이어지게 된다는 뜻입니다.

石井崑(석정곤)

造主棋飜局(조주기번국) 兆始烈煽蚊(조시열선문)

지은 주인이 바둑판을 뒤치니 모기가 세차게 날 조짐이로다.

今朝跨刀子(금조과도자) 昔日碩功勳(석일석공훈)

금일 조정에서 칼을 품고 있는 아들이 예전에 크게 공훈을 세운 자라.

木之十八子(목지십팔자) 絲冬海島汾(사동해도분)

목신인 이 씨가 작은 겨울에 해도에서 밀려오리라.

欲免斯塗炭(욕면사도탄) 無如石井崑(무여석정곤)

상서가 무르녹는 지상 선경으로 가는 길

도탄을 면하고자 한다면 석정곤 같은 곳이 없느니라.

石井非難地(석정비난지) 寺畓七斗落(사답칠두락)

석정을 알기 어려운 것이 아니요 일곱 마지기의 절밭이라.

亥馬上下路(해마상하로) 正是石井崑(정시석정곤)

해마상하로가 바로 석정곤이라.

吉運有轉(길운유전) 醇風不變(순풍불변)

좋은 운수가 돌아오니 순풍도 변함이 없다.

種財可畏(종재가외) 種德可生(종덕가생)

재물을 모으는 것은 가히 두려운 일이여 덕을 가꾸면 가히 살수
있으리다.

東土雖佳(동토수가) 不如南州(불여남주)

동쪽이 비록 아름다우나 남쪽 고을만 못하리라.

龜子一隅(구자일우) 朝暮苟活(조모구활)

거북은 한 모퉁이에서 조석으로 구차하게 살아가고

黑子孤城(흑자고성) 百首群王(백수군왕)

쥐는 외로운 성에서 백수군왕이로다.

김형렬이 토정 선생이 전한 이 글의 뜻을 상제님께 여쭈니 상제님께서 이르시기를 [토정은 참으로 선생이라 부를 만하도다.]

造主(조주)는 輩失兩夫(배실양부)이니 차 씨요, 亥馬(해마)는 남쪽에서 북쪽으로 흐르는 물이요, 種財可畏(종재가외)는 어지러운 세상이라는 뜻이요, 種德可生(종덕가생)은 진법이 처음으로 시작한다는 뜻이요, 龜子一隅(구자일우)는 세상살이에 고생이 많다는 뜻이요, 黑子孤城(흑자고성)은 초가삼간의 집이라는 뜻이요, 百首群王(백수군왕)은 동학가사에 李花桃花(이화도화) 만발한다는 뜻이니 초가삼간에서 성인이 나온다는 뜻이니라.

輩失兩夫(배실양부)라 하심은 배사율을 범하고 두 지아비가 있는 여인처럼 두 마음을 가지고 있다는 말씀입니다.

옥황상제님께서 도장 터를 물색하실 때는 항상 [그곳에 치마바

위가 있어야 하느니라 하셨으며 石井崑이라 하는 것도 치마바위를
뜻하는 것이며 바위와 우물이 어우러져 산 같은 형세를 이루고 있
다는 뜻입니다.

乾運(건운)과 坤運(곤운)

　나의 세상은 후천이니 만 가지 일이 하나로 돌아오느니라. 선천은 건운(乾運)이니 건운은 먼저 다스려지나 뒤에는 문란해지고 후천은 곤운(坤運)이니 곤운은 처음에는 문란하나 뒤에는 다스려지느니라.

　선천은 상극의 운이니 웅패의 세상이요 후천은 상생의 운이니 성현의 세상이니라.

　나의 세상은 해원하는 세상이니 천하 만방에 언어 문자가 하나로 통일되느니라. 나의 세상은 조화선경이니 나라를 다스림에 조화로써 함으로 말로써 교화하지 않고 가르침이 없어도 교화하게 되나니 상생의 道요 상극이 없는 이치이니 악이 없는 세상이니라.

　나의 세상은 상생의 세상이니 억조창생이 상생하고 남과 여가 상생하고 강한 사람과 약한 사람도 상생하고 부자와 가난한 사람도 상생하며 귀한 사람과 천한 사람도 상생하여 대인 대의(大仁 大義)의 세상이니라.

나의 세상은 귀신을 부리는 세상이니 늙지도 죽지도 않으며 사람이 능히 천상에 올라갈 수 있으며 전생과 후생을 능히 볼 수가 있고 조화를 마음대로 부릴 수 있느니라.

나의 세상은 천지가 성공하는 때라. 선과 악이 판단되고 화와 복이 판단되고 생과 사가 판단되느니라.

나는 천지를 개벽하여 후천의 운수를 열어서 오만 년 무궁한 선경세상을 만드나니 곧 용화세계요 상생의 大道가 나의 道이니라.

선천은 건운이니 윗사람이 권위를 세워 다스리는 세상이니 법도가 엄격하여 처음에는 다스려지나 강자가 약자를 지배하는 상극운이므로 서로 이기고자 하게 되고 분쟁이 생길 수밖에 없어 세상이 점점 어지러워지며 후천은 곤운이니 약하고 낮은 사람을 높여 주어 다스리는 세상이므로 처음에는 법도가 없어 문란하나 강한 사람과 약한 사람, 귀한 사람과 천한 사람도 상생을 이루어 세상의 질서가 점점 바르게 된다는 말씀입니다.

見性成佛(견성성불)

옥황상제님께서 [원시반본하는 심법 공부라야 무극시태극의 체용을 지각할 수 있느니라] 하심도 원시반본하여야 견성(見性)을 할 수 있다는 말씀이며 中이라 하신 천명지성(天命之性)을 지각하는 것이 견성(見性)입니다.

채지가에 [반구제수 알았거든 궁을 보고 도통하소] 하는 것도 견성을 두고 하는 말이며 먼저 견성을 하고 나서야 성도를 할 수 있는 것입니다.

불가에서 사람에게는 누구나 불성이 있어 열심히 수도하면 누구나 성불할 수 있다라고 주장하지만 실제로는 그런 것이 아니며 불성이 곧 상제님 도덕이고 道의 체(體)를 뜻하는 것입니다.

[자사가 [천명지성은 항상 있는 것이 아니라 얻기도 하고 잃기도 하는 존재이다] 하듯이 얻기도 하고 마음에 사욕이 차고 들어오면 잃기도 하는 존재이며 [달마대사가 [선지식을 만나 견성을 하지 못하면 공덕은 쌓을 수 있어도 성불은 할 수 없다] 한 것도 사람을

통하여 전해지는 존재이기 때문입니다.

　앞으로 도인들이 세상 사람들에게 道의 진리를 가르치어 性을 체득할 수 있게 해주는 것이 6인 포덕인 것입니다.
　일체의 사사로움이 없어 음양을 조화시킬 수 있는 이 기운이 유, 불, 선을 통하여 전수되어오다가 끊어진 것이 세상의 병세인 것입니다.
　상제님께서 [道의 근원이 끊어졌다] 하시고 [충, 효, 열이 끊어져 천하가 모두 병이 들었느니라] 하심도 道의 체(體)가 끊어졌다는 말씀입니다.
　상제님께서 정하신 연원줄을 벗어나서는 도통할 수 없는 것도 도통할 수 있는 기운이 연원줄로 다시 전해지기 때문입니다(靈源出).

　운수가 다른 것이 아니라 인간 완성을 이루고 성불할 수 있는 성품을 얻는 것을 두고 하는 말이며 상제님께서 [운수가 열려도 본인이 감당치 못하면 본 곳으로 돌아가기도 하고 혹은 남에게 옮겨지기도 하리라. 잘 믿을지어다] 하심도 천지에 가을이 와 하늘이 인류를 완성시키고 성불시킬 수 있는 기운을 전해주실 때 본인이 감당치 못하면 얻을 수 없다는 말씀입니다.

오강록

옥황상제님께서 보수동에서 감천으로 이주하시면서 [오강록 도수]라 하시고 [七年대한 八年풍진 九年홍수]라 하심이 이때부터 후천 선경의 대운이 시작되므로 필연적으로 환란이 닥쳐오기 때문입니다.

선천 수천 년 동안이나 상극이 온 세상을 지배하던 세상에서 [세계일가]가 이루어지고 상생만 한다는 선경의 대운이 시작될 때 어찌 풍파가 없을 수가 있겠으며 더욱이 판밖에서 일을 꾸며 웅패의 거짓됨을 밝혀 물러가게 하시고 새로운 운을 시작시키시는 것이 구천의 도수이니 웅패의 기운을 추종하는 세력이 온갖 풍파를 일으키게 되는 것은 어쩔 수 없는 일인 것입니다.

옥황상제님께서 감천을 [새서울]이라 하심과 같이 새서울에 들어가기 위하여 [도강이세]하는 것이 오강록 도수입니다.

[나의 후천 오만 년 대운은 오강록에서 유래함이라] 하심도 선경의 대운이 이때부터 시작이 되기 때문입니다.

상제님께서 [모든 법은 서울에서 만방으로 전해진다] 하심과 같이 후천 선경의 새로운 법도 새서울에서 만방에 전해지게 되는 것이며 [아라사 군사가 한성에 들어오면 내 일이 이루어지리라] 하심도 아라사 군사가 새서울에 들어오면 상제님 공사가 성사된다는 말씀입니다.

상제님께서 김도일에게 [서쪽 하늘에 붉은 구름이 떠 있나 보라] 하시고 [금산도득하기가 심히 어렵도다] 하심도 새서울을 도모하여 얻기가 어렵다는 말씀입니다.

어떤 경(經)에서는 [참으로 어렵도다. 금산사를 도득하기가 천하를 얻는 것보다도 더욱 어렵도다] 하셨으며 그만큼 선천 수천 년 동안 온 세상을 지배하였던 웅패의 기운을 물러가게 하고 그만한 세력을 얻어 상반된 운을 시작시키시기가 어렵다는 말씀입니다.

한 나라에서도 독재정권을 물러가게 하고 민주정부를 세우고자 하면 그만한 세력이 있어야 되는 것이며 선천세상 내내 웅패의 기운 속에서 살아와 수도인들 마음에도 이 기운이 깊이 배어 있어 [정음정양]의 새로운 운을 시작시키는 [조화정부]를 출범시키기가 어려우므로 하신 말씀입니다.

상제님께서 [황계성 죽지털고 판밖 소식이 이르러야 내 일이 이루리라] 하심과 같이 판밖 소식이 판안에 이르러야 상제님 공사가 성사되는 것입니다.

이때가 되어야 온 세상에서 고갈이 되었다 하신 [물기운]이 비로소 전해지게 되는 것이며 [물기운]을 얻는 것이 운수이고 이를 얻어야 도통도 할 수 있게 되는 것입니다.

하물며 운수 하나 바라보고 수도를 해온 사람들이 이를 해치려 하면 어찌하겠으며 새로운 운이 도래하는 것을 막으려는 만사신의 기운을 받은 수많은 수도인들이 그리하게 되는 것이 현실입니다.

상제님께서 [동학의 운수가 천지의 대운이요 만세의 대운이니라 어찌 잘못될 수 있으리오 차씨와 정씨를 찾는 자만 망하게 될 뿐이니라] 하심과 같이 웅패의 기운을 추종하여 아무리 걸주풍파를 일으킨다 하여도 후천 선경의 대운이 잘못되려야 잘못될 수가 없는 것이며 이를 막으려 하는 사람들만 불행하게 되는 것입니다.

옥황상제님께서 동청룡 기동이라 하시고 수차 반복하시어 공사를 보심도 모두 선천세상에서 인간 사물을 지배하였다 하신 상극운을 물러가게 하시고 [금산도득]하여 상생만 한다는 선경의 대운을 시작시키시기 위하여 보신 공사입니다.

상서가 무르녹는 지상 선경으로 가는 길

명부의 착란

상제님께서 [선천은 상극의 운이니 강자와 약자가 상극하고 남과 여가 상극하고 부자와 가난한 사람, 귀한 사람과 천한 사람이 상극하고 천하의 모든 사물이 상극하니 웅패가 지배하는 세상이니라] 말씀하셨습니다.

웅패라 하심은 당연히 무력으로 세상을 다스리고자 하는 기운을 두고 하신 말씀이며 으레 강압과 위무로 사람을 복종토록 만들어 다스리는 기운을 두고 하신 말씀입니다.

이와 같은 기운이 온 세상을 지배하여 강자가 약자를, 윗사람이 밑의 사람을 그와 같은 기운으로 다스리고자 하여 인간사회가 조화를 이루지 못하고 상극하는 세상이 되었다는 말씀입니다.

상제님께서 [선천은 상극지리가 인간 사물을 맡았으므로 모든 인사가 도의에 어그러져 원한이 쌓이고 맺혀 三界를 채웠으니…] 하심이 곧 [명부의 착란]을 두고 하신 말씀입니다.

선천세상이 으레 매나 폭력을 가하여 사람을 다스리던 세상이 아니고 무엇이겠으며 이와 같은 기운이 선천운을 차지하고 온 세상 기운을 주도하여 모든 인사가 道의 이치에 어긋나게 되었다는 말씀입니다.

[인간 사물이 모두 상극에 지배되었다] 하심도 웅패의 기운이 천하 사람들 마음을 지배하게 되었다는 말씀으로 금수 초목에 까지 같은 기운이 전해지게 되었다는 말씀입니다.

요임금께서 치천하(治天下)하실 때는 금수 초목까지 모두 편안해 했다는 말이 전해오듯이 사람의 마음이 금수 초목에까지 모두 미치는 것입니다.

어떤 경에서는 [선천은 상극의 이치가 맡아 인계와 신계에서 전란이 그칠 새가 없어 천지에 원한이 가득 채워졌느니라] 하심도 웅패의 기운이 선천의 명부를 차지하여 인간계와 신명계가 모두 상극하는 운이 되었다는 말씀입니다.

웅패의 기운은 강한 자기 욕심을 가지고 있는 기운이며 당연히 상제님 도덕기운과 상반된 기운입니다.

당연히 웅패가 맡은 선천운이 다 되고 나서야 비로서 [무극대운]이 열려 상제님 도덕이 온 세상에 전해질 수 있게 되는 것입니다.

앞으로 오는 세상에서는 털끝만 한 사가 없이 누구에게나 은혜를 베푸시는 상제님 도덕이 인간 사물을 지배하게 되므로 천하가 모두 상생하는 세상이 되는 것입니다.

상서가 무르녹는 지상 선경으로 가는 길

[명부공사가 종결이 되면 온 세상의 문제도 해결되느니라] 하심도 이를 두고 하신 말씀입니다.

오만 년 극락세상이 오기 전에 인류가 온갖 화를 겪게 되는 상극세상이 먼저 오는 것은 어쩔 수 없는 천운이며 수도하는 사람들도 그동안 상제님 도덕기운과 상반된 웅패의 기운이 주도하는 선천기운 속에서 수도를 한 것이니 상제님 도덕을 공부할 수 없었던 것입니다.

당연히 새로운 운이 시작이 되면 반드시 원시반본하여 선천의 그릇된 기운을 하나부터 열까지 모두 버리고자 하여야 [무극의 대운]을 체득할 수 있게 되는 것입니다.

새서울

옥황상제님께서 감천에 들어가시기 얼마 전에 [천장길방인 길지를 찾아 도강이서하여 정주할 대이동 도수와 상제님께서 정하신 대학도수가 돌아오느니라] 하시고 감천을 [새서울]이라 하셨습니다.

당연히 [새서울]이 하늘이 감추어두신 천장길방이며 선경의 대운이 온 세상에 전해지는 곳이며 도인들이 상극세상에 몸과 마음에 밴 그릇된 인습을 모두 버리고 선경의 새로운 도덕을 체득하여 온 세상에 펼치는 곳이 [새서울]이니 당연히 [대학도수]가 있는 것입니다.

앞으로 오는 후천 선경에서는 세상 사람들의 마음이 일체의 편벽되거나 치우치지 않는 正中이 되므로 개인 사이뿐만 아니라 나라 간까지도 모두 조화를 이루게 되는 것입니다.

나를 생각하듯이 남도 똑같은 존재라는 것을 지각하고 이 마음이 편벽되거나 치우치지 않는 正中이 되기 때문입니다.

상서가 무르녹는 지상 선경으로 가는 길

자신에게 치우치지 않으므로 남을 지배하거나 복종토록 만들고
자 하지 않으며 분수에 넘치지 않고 신분과 귀천에 차별을 두고자
하지 않으므로 강한 사람과 약한 사람, 부자와 가난한 사람, 귀한
사람과 천한 사람 간에도 모두 조화를 이룰 수가 있게 되는 것입
니다.

내 나라를 중하게 여기는 만큼 남의 나라도 그와 같이 여기게
되므로 나라 간에도 모두 조화가 이루어져 천하가 모두 화목하고
상생하는 이상세상이 실현이 되는 것입니다. 이와 같은 것이 [정음
정양의 진법]이며 정음정양이 道의 바른 법이고 道 자체가 터럭만
큼도 치우치지 않는 정음정양인 것입니다.

선천세상은 사람의 마음이 正中이 되지 못하여 자신보다 약한
사람을 지배하고 복종토록 만들고자 하여 上下의 위계를 세워 위
무로 다스리는 세상이 된 것이며 집단 간에도 자기 나라는 소중한
줄 알아도 남의 나라는 전혀 그와 같이 여길 줄 몰라 강한 나라가
약한 나라를 무력으로 지배하고자 하여 온갖 전란이 끊이지 않는
세상이 된 것입니다.

도인들이 먼저 선천의 그릇된 기운을 모두 버리고 정음정양의
올바른 법을 체득하여 실천하면 세상에도 정음정양의 바른 기운
이 전해지게 되는 것이며 옥황상제님께서 [진법이 서울에서 조선
전토로 퍼지며 다시 세계 전역에 미치리니 천행이로다] 하심도 이

를 두고 하신 말씀입니다. [세계일가]를 이룰 수 있는 [정음정양]의 진법이 처음으로 시작되는 곳이 새서울이고 새서울에 대학도수가 있는 것도 이 때문인 것입니다.

상서가 무르녹는 지상 선경으로 가는 길

多有曲岐橫易入 非無坦路正難尋

  상제님께서 김경학의 집에 대학교를 정하시고 벽에 [다유곡기횡이입(多有曲岐橫易入) 비무탄로정난심(非無坦路正難尋)]이라는 글을 붙이심이 [굽고 바르지 않은 길이 많아 빠지기 쉽고 평탄한 길이 없는 것은 아니나 바른길을 찾기 어렵다]는 뜻으로 당연히 대학교가 바른길이나 왜곡된 길이 많아 찾아오기가 어렵다는 말씀입니다.

  수도를 하는 것도 결국은 [신봉어인(神封於人)]할 때 신명을 얻어 소원성취를 이루기 위하여 수도를 하는 것이 아니고 무엇이겠으며 천지가 바르지 않고 사람의 마음도 편벽되고 치우쳐 바르지 못하던 선천의 그릇된 기운을 버리지 못하면 당연히 [정음정양]의 올바른 법을 가지고 있는 신명을 마음에 모실 수가 없는 것입니다.

  선천 수천 년 동안이나 상극이 지배하던 세상에서 살아온 사람들이 어찌 정음정양으로 천지를 모두 바르게 만들 수 있는 신명을 마음에 모시기가 쉬울 수가 있겠으며 당연히 공부를 하여 선천의

그릇된 기운을 모두 버리고 정음정양의 바른 심법을 체득하여야
신명도 얻을 수 있게 되는 것입니다.

　상제님께서 이 때문에 대학교 공사를 보신 것이니 당연히 대학
교가 성공하는 길인 것입니다.

　　　　　　　　　　　　　상서가 무르녹는 지상 선경으로 가는 길

무극대운과 인존시대

상제님께서 [道在天 行在人]이라 하심과 같이 道는 하늘에 있으며 이 기운이 온 천지에 전해지며 만물이 모두 이 기운을 받아 이에 의탁하여 질서를 이루고 존재를 할 수가 있는 것입니다. 仁, 義, 禮, 智, 信 오성이 사람 마음에 전해지고 이를 행하고 안 하고는 사람에게 달려 있는 것이며 道의 체 자체가 본래 사람에게 있는 것은 아닌 것입니다.

상제님 도덕이 곧 천지의 마음이며 천지의 마음이 사람뿐만 아니라 금수 초목에까지 두루 미치는 것이며 그렇다고 체인 상제님 靈을 금수가 얻을 수는 없는 것처럼 사람도 공덕을 쌓고 선행을 행할 수 있어야 비로소 체와 감응이 되어 靈이 마음에 응할 수가 있는 것입니다.

이후에야 도통이 가능해지는 것이며 본래부터 사람에게 도통할 수 있는 체가 있는 것이 아니라는 말씀입니다.

상제님께서 [말세를 당하여 무극대운이 열리리라] 하심도 인간 완성을 이룰 수 있는 무극의 체가 인류에게 전해지는 것을 두고 하신 말씀이며 이를 얻는 것이 운수입니다.

후천 선경세상을 인존시대라 하는 것도 사람이 주체가 되는 세상이라는 뜻이며 그동안 하늘이 하던 일을 사람이 할 수 있게 된다는 뜻입니다.

하늘이 당연히 인존시대를 맞이하여 하늘의 도덕을 인류에게 전해주시게 되는 것입니다.

심령신대(心靈神臺)라 하심과 같이 理인 心靈과 氣인 신명이 사람에게 의탁하여 기운이 온 천지에 전해지고 만물이 모두 이 법에 따라 질서를 이루고 존재할 수 있으므로 인존시대가 되는 것입니다.

하물며 서로 자기 쪽만 중한 줄 알아 온갖 반목과 불화를 일으키는 사람의 편벽된 성정을 넘어서지 못하면 어찌 군자가 될 수가 있겠으며 당연히 사람의 편벽된 성정을 극복하고 하늘의 바른 도덕을 체득할 수 있어야 선관이 될 수가 있는 것입니다.

불성(佛性)

　　상제님께서 [충, 효, 열이 끊어져 천하가 모두 병이 들었느니라]
하심이 당연히 진심을 잃어 세상이 모두 병이 들었다는 말씀으로
[불성]이라 하는 것도 이를 두고 하는 말입니다.

　　털끝만 한 사가 없고 오직 덕을 베푸는 지극한 기운 자체일 뿐이
므로 인심처럼 분별을 두어 자기 쪽에 치우치는 사도 없으며 상대
에 따라 가림을 두는 사도 없이 은혜를 베푸시는 [무극의 지극한
도덕]이 곧 부처의 성품이 아니고 무엇이겠으며 수천 년 동안 이와
상반된 상극의 기운이 선천세상을 지배하여 온 세상에서 사라져
[충, 효, 열이 끊어졌다] 하시고 [물기운이 고갈이 되었다] 하신 것
입니다.

　　선천은 근본적으로 인류가 우주의 중심에 있다고 믿고 있었던
세상이니 잘못 알고 있었던 것도 많이 있었던 세상인 것입니다.

　　대략 천 년 전에 송대에서 살았던 [주자] 같은 大학자도 지구는
네모반듯하며 해와 달이 땅속에 들어갔다가 다시 나오는 것으로

주장하였으며 지구보다 30만 배나 더 크다는 뜨거운 태양이 땅속에 들어갔다 나온다는 것이 말도 안 되는 일이지만 당시에는 누구나 해와 달이 지평선에서 떠오르고 지는 것을 보면서 그와 같이 여겼던 세상인 것입니다.

종교적으로도 마찬가지로 도통(道統)의 전수가 요순우탕문무주공 같은 성인들을 통하여 전수되어왔다는 말이 있듯이 선천세상에서는 도통할 수 있는 道의 체를 체득한 사람들을 성인이라 하고 불가에서는 대사나 보살이라 할 정도로 얼마 되지 못하였으며 항시 동정순환을 하면서 천하 사람들 마음을 비춰주어 인류가 본연의 양심을 잃지 않도록 하던 이 기운이 세상에서 끊어졌으므로 [道의 근원이 끊어졌다] 하신 것이며 [수기가 돌지 않는다] 하신 것입니다.

그동안 수도를 해온 사람들이 한평생 수도를 하고 운명을 다 한다 하여도 道를 제대로 지각하기 어려운 것이 현실이 아니고 무엇이겠으며 이 모두가 아직도 세상에서 끊어졌다는 기운이 전해지지 않았으므로 견성(見性)을 할 수가 없기 때문인 것입니다.

구천상제님, 옥황상제님, 도전님께서 모두 오셔서 공사를 보시고 화천을 하셨는데 아직도 전해지지 않았다는 것이 도대체 말도 안 되는 일로 여길 줄 몰라도 상극운 속에서는 전해주신다 하여도 전수되고 이어져 세상에 번져 나가지 못하고 다시 끊어질 수밖에 없

는것이 세상 기운이므로 상극운이 물러가고 나서야 비로소 전해
질 수 있게 하신 것이 상제님 도수인 것입니다.

도인들의 마음이 아직 되어 있지 않아 의통, 도통을 얻지 못하는
것으로 주장하기도 하지만 가면 갈수록 마음이 점점 풀릴 뿐이지
어찌 道의 마음으로 바뀔 수가 있겠습니까?

실제로는 웅패의 운이 물러가야 비로소 하늘의 지극한 기운이
전해질 수가 있는 것입니다.

[말세를 당하여 무극대운이 열리리라] 하심도 상극이 지배하였
다는 선천운이 다 되고 나서야 비로소 전해지게 되므로 하신 말씀
이며 만물이 가을이 되면 알곡이 들어서고 결실을 이루듯이 하늘
이 인간 추수를 위하여 인간 완성을 시키고 성불시킬 수 있는 기
운을 전해주시는 것이 [무극대운]인 것입니다.

앞으로 오는 세상은 인류가 모두 성불하는 세상이 아니고 무엇
이겠으며 당연히 이 기운을 얻어야 선경에 참여를 할 수가 있게 되
는 것입니다.

大學之道(대학지도)는 在明明德(재명명덕) 在新民(재신민) 在止於至善
(재지어지선)이라 하는 것도 明德(명덕)이 곧 [상제님 도덕]이고 불성이
라 하는 것도 [명덕]을 두고 하는 말이며 止於至善(지어지선)이라 하
듯이 털끝만 한 사가 없는 [지극한 선]인 것입니다.

수천 년 동안이나 [걸악]이라 표현 하신 웅패의 그릇된 기운 속

에서 살아오고 이 기운에 깊이 물들어 있어 오직 남보다 잘하는 것을 최고로 여길 뿐이지 요즈음 세상에 누가 止於至善(지어지선)을 추구하고자 하겠으며 수도하는 사람들도 마찬가지가 아니고 무엇이겠습니까?

하지만 [명덕]을 체득하는 것이 운수이고 [의통]이라 하심도 이를 두고 하신 말씀이며 至善(지선)에 이르러야 도통도 할 수 있게 되는 것입니다.

상제님께서 [중화경] 끝부분에서 [好道遷佛(호도천불) 佛成人事(불성인사)]라 하심도 道를 좋아하는 사람들에게 불성(佛性)이 옮겨져 인간지사에서 상제님 도덕이 실현이 된다는 말씀입니다.

道가 곧 至善이신 상제님 도덕이며 당연히 평천하를 이루실 수 있는 상제님 도덕을 진심으로 좋아하는 사람들에게 佛이 응하게 된다는 말씀입니다.

세계일가 통일정권

천지의 마음이 곧 무극이고 천지의 마음이 용(用)하는 것이 곧 태극이며 사람이 천지의 마음을 체득하여 치세의 극으로 세우는 것이 곧 황극이 되는 것입니다.

상제님께서 [황극신] 공사를 보시면서 [세계일가 통일정권] 공사를 보심도 [세계일가]를 이루실 수 있는 무극의 운이 이때부터 시작이 되기 때문인 것입니다.

천지가 작은 것부터 천지까지 음양이 조화를 이루어 자연히 질서를 이루듯이 사람도 이 기운을 얻어 쓰면 개인에서 나라까지 모두 조화를 이룰 수 있어 천지와 질서를 같이할 수가 있는 것입니다.

선천은 道의 이치에 의하여 질서가 이루어지지 못하고 윗사람이 권위를 세워 밑의 사람을 복종토록 만들어 다스리던 세상인 것입니다.

대부분 도인들이 위계와 체계를 잘 지키는 것이 道를 행하는 것으로 믿기도 하지만 무극의 이치가 道이며 무극의 도덕을 체득하여야 道를 행할 수 있게 되는 것입니다.

인심은 음양을 조화시켜 스스로 질서를 이루게 할 수 있는 기운이 아니므로 법과 체계가 아니면 질서가 이루어지지 않는 것입니다. 오랜 세월 道를 잃고 위계와 체계 속에서 살다 보니 위계를 잘 지키는 것이 道인 줄 착각하게 된 것입니다.

道의 이치에 의하여 질서가 이루어지면 음양이 모두 조화를 이루게 할 수 있지만 사람에 의하여 다스려지면 사람을 중심으로 뭉치게 되므로 편을 갈라 온갖 불화가 없을 수가 없는 것입니다.

상제님께서 황극신 공사를 보실 때 만국제왕의 기운을 거두시는 공사를 보심도 선천세상을 지배한 웅패의 기운을 거두시는 공사를 보신 것입니다.

웅패의 기운은 당연히 천하가 모두 상극하게 만든 기운이며 세계일가가 이루어지는 후천운이 시작이 될 때는 당연히 물러가게 하시는 것입니다.

선천 수천 년 동안 상극운 속에서 살아와 현재 상제님 도문안의 기운도 서로 편을 갈라 불화하는 기운이 아니고 무엇이겠으며 하물며 민족이 다르고 피부색이 다르다 하여도 같은 식구처럼 여겨 세계일가를 도모하는 것을 어찌 엄두라도 낼 수가 있겠습니까?

하지만 앞으로 무극대운이 열리게 되므로 도인들이 이를 체득할 수 있으면 가능하게 되는 것입니다.

상제님 도덕은 당연히 분별과 가림을 두시는 사가 전혀 없이 은혜를 베푸시는 기운이므로 피부색이 다르고 민족이 다르다 하여도 전혀 편벽되거나 치우치지 않으시며 이와 같은 하늘의 도덕이 인류에게 전해지므로 세계일가가 이루어지는 것입니다.

상제님께서 [세계일가 통일정권] 공사를 보심도 후천 선경의 大수도가 될 [새서울]에 상제님 도덕을 온 세상에 펼치는 [조화정부]를 세우시는 것을 두고 하신 말씀입니다.

당연히 도인들이 공부를 하여 [평천하]를 이루실 수 있는 상제님 도덕을 체득하여 온 세상에 펼치는 곳이며 [통일정권]이라 하심도 장차 후천 선경에서 군왕과 장상이 될 도인들이 모여 인류를 모두 화합을 시켜 세계일가를 도모하는 정권이라는 뜻입니다.

先誠吾心(선성오심) 以誠他心(이성타심)

지침에 [도주님께서 先誠吾心 以誠他心 先敬吾身 以敬他身 先信
五事 以信他事라는 말씀을 각각 염념하라 하셨으니 잘 기억하여두
라] 하심이 곧 [먼저 내 마음을 참되게 하면 남도 참되게 하게 되며
먼저 내 몸가짐을 공경히 하면 남도 공경히 하게 되고 먼저 내 일
을 신의로써 하면 남도 신의로써 하게 된다]라는 말씀으로 먼저 자
신이 誠, 敬, 信을 바르게 행하면 이 기운이 남에게도 전해지게 된
다는 말씀인 것입니다.

상제님께서 [무위이화와 불언지교로 화민정세하리라] 하심도 당
연히 이를 두고 하신 말씀입니다.

[교법]에 [대학에 物有本末(물유본말)하고 事有終始(사유종시)하니
知所先後(지소선후)면 卽近道矣(즉근도의)라 하였고 其所厚者薄(기소후
자박) 其所薄者厚(기소박자후) 未之有也(미지유야)라 하였으니 이것을
거울로 삼고 일하라] 하심도 항시 자신을 돌아보고 성, 경, 신을 바
르게 하여 道의 바른 기운이 남에게 전해질 수 있도록 하여야 된

다는 말씀입니다.

道도 곧 기운이며 사람이 道를 바르게 행하면 반드시 기운이 주변에 전해지게 되는 것이며 척신들의 기운도 주변 사람들에게 전해지지만 道도 마찬가지로 주변에 자연히 전해지게 되는 기운입니다.

선천은 으레 강압과 위무로 남의 잘못됨을 고쳐주고자 하고 예를 바르게 하도록 강요하던 세상이지만 때가 되면 선천의 이와 같은 그릇된 인습을 버리고 자신이 먼저 道를 바르게 행하여 남에게 전해지게 하여야 된다는 말씀입니다.

道는 자신을 중히 여기는 만큼 남도 그와 같이 여기는 기운이므로 中이라 하는 것이며 세상이 이와 같은 마음을 잃어 온갖 반목과 불화, 죄악이 생겨나는 것이 아니고 무엇이겠습니까?

하물며 으레 강압과 위무로 사람을 가르치던 선천기운이 어찌 道의 이치에 맞을 수가 있겠으며 실제로는 인류에게 온갖 화를 끼쳤던 웅패의 무도한 기운에서 비롯된 것입니다.

道를 가르친다 하는 것도 中이라는 천명지성을 일깨워주고 회복토록 선도하는 것이며 웅패의 기운과 오히려 상반된 기운을 심어주는 것입니다.

반드시 선천세상의 그릇된 인습을 버리고 이와 같은 방법으로 교화하고자 하여야 道의 바른 기운이 전해질 수 있게 되는 것입니다.

상서가 무르녹는 지상 선경으로 가는 길

인간 大적선

[봉강문]에 [금수대도술 천지대팔문 일월대어명 인간대적선 시호
시호 귀신시호]라 하심이 선천의 상극운이 끝이나고 태을문이 열
려 하늘의 지극한 도덕이 세상에 전해지게 되고 道의 지극한 덕이
동정순환하여 三界에 두루 전해지게 되며 사람이 하늘의 도덕을
행하게 되고 종래에는 [天根(천근)月窟(월굴) 閑來往(한래왕) 三十六宮
(삼십육궁) 都始春(도시춘)]이라 하심과 같이 상제님께서 귀신이라 표
현하신 道의 지극한 덕이 온 세상에 전해져 좋은 세상이 오게 되
는 것을 뜻하는 것입니다.

[선천은 금수대도술이고 후천은 지심대도술이니라] 하심과 같이
선천은 남다른 능력을 가지고 있다 하여도 인류에게 온갖 화를 끼
쳤던 웅패들이 권세를 얻어 세상을 다스리던 세상이므로 [금수대
도술]이라 하신 것이며 앞으로 오는 세상은 도인들이 [평천하]를 이
루실 수 있는 상제님 도덕을 공부하고 마음을 천하에 펼쳐 무위이
화로 천하가 다스려지게 하는 세상이므로 [지심대도술]이라 하신

것입니다.

[서전서문]에 [二帝三王之道 本於心]이라 하여 이제삼왕이 천하를 다스리던 道가 마음에 근본을 두고 있다 하듯이 마음으로 천하평을 이루는 것이 후천 선경세상이 되는 것입니다.

상제님께서 [서전서문]을 많이 읽도록 권하심도 [家齊 國治 而天下平 心之推也 心之德 其盛矣乎]라 하듯이 천하평을 이룰 수 있는 마음을 공부하라는 말씀입니다.

옥황상제님께서 8·15 해방 때 [三界 해방도수를 보아 태을문을 여는 大공사를 이룸이니라] 하심이 선천세상을 지배한 웅패의 기운을 물러가게 하시고 [천지 大팔문]이 열리게 하시는 도수이며 [오늘 일에 그치지 않고 三界가 모두 태극의 원리로 음양이 기동하리니 근역강산이 중심핵이 되리라] 하심이 [일월 大어명]하는 도수인 것입니다.

상제님께서 [당요가 일월의 법을 알아내어 백성들을 가르쳤으므로 비로소 인류에게 하늘의 은혜와 땅의 이치가 주어졌느니라] 하심이 요임금께서 천리의 지극한 기운이 동정순환을 하면서 만물을 화육시키는 이치를 알아내시어 백성들을 가르치셨으므로 무극의 체(體)가 비로소 인류에게 주어지게 되었다는 말씀입니다.

[일월 大어명]이라 하심도 道의 지극한 기운이 동정순환하게 되는 것을 뜻하시는 것이며 이것이 수기가 도는 것이고 이로써 태극

이 기동하게 되는 것을 뜻하시는 것입니다.

　앞으로 요임금 시절에 하늘의 도덕이 인류에게 전해진 것처럼 다시 전해지게 되어 인류가 이를 행하게 되므로 [인간 大적선]이라 하신 것입니다.

　상제님께서 어떤 경전에서는 [모두를 사랑함으로써 동물의 성정을 뛰어넘지 못하면 참된 진리의 사랑이 아니니라] 하셨으며 말씀대로 사람의 편벽된 성정을 뛰어넘어 하늘의 성정을 체득하는 것이 운수를 얻는 것입니다.

克明德(극명덕)

[교운]에 [대학 우경 일장을 많이 외우라, 거기에 대운이 있나니라] 하신 右經 一章(우경 일장)에 나오는 구절이며 克明德(극명덕), 顧是 天之明命(고시 천지명명), 克明峻德(극명준덕)이라 하는 것이 당연히 하늘의 지극한 덕을 뜻하는 것입니다.

상제님께서 수도하는 사람들이 진덕수업(進德修業)을 할 때는 반드시 [천지 성인]을 모범으로 삼고 공부를 하여야 된다고 하셨으며 상제님 도덕을 얻는 것을 목표로 공부를 하여야 된다는 말씀입니다.

道의 지극한 덕은 군생 초목에서부터 삼라만상에 덕이 미치지 않는 곳이 없고 천지가 아무리 크다 하여도 덕이 가동하게 된다고 하셨으며 하물며 마음이 안으로 치우쳐 자기 쪽만 중한 줄 아는 사람의 편소한 마음을 버리지 않고 어찌 이와 같은 기운을 얻을 수가 있겠습니까?

[손은 안으로 굽는다] 하는 인심을 반드시 극복해야 마음이 밖

상서가 무르녹는 지상 선경으로 가는 길

으로 향하여 온 우주까지 펼쳐진다는 지극한 기운을 체득할 수 있게 되는 것이며 [우경 일장에 대운이 있나니라] 하심도 이와 같은 기운을 공부하여 얻는 것이 대운이기 때문입니다.

옥황상제님께서 [천지 음양이기를 대응 상속한다] 하심과 같이 앞으로 오는 세상에서는 사람이 이와 같은 하늘의 도덕을 얻고 法(법)을 가지고 있는 신명까지 얻어 그동안 하늘이 하던 일을 대신하게 되므로 [인존시대]가 오게 되는 것입니다.

하물며 자기 쪽에 치우치는 마음을 버리지 않고 어찌 가능할 수가 있겠으며 당연히 선천의 그릇된 인습을 버리고 하늘의 바른 도덕을 체득하기 위하여 진덕수업(進德修業)하는 과정이 있는 것입니다. 이 공부가 옥황상제님께서 말씀하신 [청학]인 것입니다.

수도하는 사람들이 [진짜 수도는 나중에 있다] 하는 말씀은 들었지만 때가 되면 진짜 道의 진리를 공부하는 과정이 있는 것을 모르고 있는 것이 상제님께서 이 부분을 알지 못하도록 공사를 보셨기 때문입니다. 당연히 때가 될 때까지는 선천법으로 수도를 할 수밖에 없는 도인들이 미리 알면 안 되기 때문입니다.

때가 되면 저절로 운수도 얻고 도통도 받는 줄 믿고 있는 것이 현실이지만 선천과 후천은 서로 상반된 세상인데 어찌 저절로 [세계일가]가 이루어진다는 세상의 기운을 얻을 수가 있겠으며 세상에서 가장 어려운 것이 道에 통하는 것입니다.

선천은 근본적으로 상극운이므로 음양 가운데 서로 자기 쪽을 위해주는 것이 당연한 줄 알던 세상이지만 앞으로 오는 세상은 선천운과 반대로 천하가 모두 상생하는 운이므로 우리 쪽이건 남의 쪽이건 분별을 두고자 하는 사가 전혀 없이 덕을 베푸시는 하늘의 지극한 誠(성)이 인류에게 전해지고 현실에서 실현이 되는 세상인 것입니다.

천지의 운행이 항시 서로 상반된 음양 두 기운이 서로 교체되는 것이며 당연히 선천과 후천은 서로 상반된 기운이 지배하던 세상인 것입니다.

사람은 금수와 근본적으로 차원이 다른 하느님의 자식과 같은 존재이므로 상제님께서 사람의 본마음은 본래 하늘의 성품인 仁이라 하셨으며 인류가 상극세상에서 수천 년 동안 살아오면서 하늘이 부여한 본마음을 모두 잃게 된 것입니다.

앞으로 中이라는 하늘의 바른 도덕이 다시 인류에게 전해져 개인 간이건 집단 간이건 마음이 치우치지 않아 같은 존재로 여기는 [정음정양]의 운이 오게 되므로 천하가 모두 화합할 수 있는 운이 되는 것입니다.

당연히 위계를 세우고 위무로 사람을 가르치고 다스리던 웅패의 습성을 모두 버려야 되는 것이며 인연자를 수하 사람처럼 여기는 마음 자체를 버려야 되는 것입니다.

나 하나 [무극의 대운]을 얻을 수 있다고 세상 누가 장담할 수가 있겠으며 하물며 선천법으로 수하 도인들을 통제하고 선천의 그릇된 기운을 심어주면서 누구를 위한다고 주장하면 어찌 경우에 맞을 수가 있겠으며 결국은 위해주는 척밖에 되지 못하는 것입니다.

평등도수

상제님께서 동곡약방으로 이사하진 직후에 고래의 사제지간의 예법을 폐지하시는 공사를 보심이 上下의 위계를 세우던 선천의 오랜 관행을 거두시는 공사를 보신 것입니다.

동곡약방이 곧 태극기동의 원점이고 세상에서 끊어진 상제님 도덕이 다시 전해지는 곳입니다.

道의 본체인 태극을 [至正至中(지정지중) 不偏不倚(불편불의) 道之大原(도지대원)]이라 하심과 같이 지극히 바르고 편벽되거나 치우치지 않는 中이며 수도하는 사람들이 수도정진하여 이와 통하는 것이 道에 통하는 것입니다.

당연히 [정음정양]의 진리이며 태극의 진리를 체득하기 위해서는 당연히 上下의 위계를 세우던 선천의 오랜 인습을 버려야 되는 것입니다.

옥황상제님께서 부산에 들어가시는 마하사 도수를 보실 때도 [평등도수]를 보셨으며 마하사 도수가 입금산 도수이고 입금산 도

상서가 무르녹는 지상 선경으로 가는 길

수가 동곡약방인 태극원점에 들어가는 도수인 것입니다.

태초에 인류에게 상제님 도덕이 전해지고 현실에서 실현이 되었을 때는 사람 간에 위신에 차별을 두는 사가 없었으며 내 사람이니 남의 사람이니 하고 우리 쪽이니 남의 쪽이니 하여 편을 가르는 일도 없었고 누구에게나 선을 베풀고 자기 할 도리를 바르게 하여 천하가 화목하는 세상이 된 것입니다.

결국은 웅패의 상극이 지배하는 세상이 되어 위신이나 신분에 차별을 두고 윗사람이 강압과 위무로 다스리는 세상이 되고 서로 편을 갈라 온갖 상극을 벌이는 세상이 된 것이며 나라 간에도 전란이 그칠 줄 모르는 악한 세상으로 변하게 된 것입니다.

때가 되면 웅패의 상극운을 거두시고 다시 원시반본하는 것이 당연하신 구천의 도수이며 수도하는 사람들도 웅패의 기운에서 비롯된 도의에 어긋나는 선천의 그릇된 인습을 모두 버리고 태초의 마음으로 다시 돌아가야 성공할 수 있는 것입니다.

앞으로 오는 세상이 정음정양이라는 것을 모르는 수도인들이 어찌 있겠으며 선천의 그릇된 기운을 모두 버리고 新民이 되지 못하면 새 세상을 맞이할 수가 없는 것입니다.

난룡기합간(亂龍起閣間)

난룡기합간(亂龍起閣間)이라는 말은 조선 건국 초에 [무학대사]가
이씨 조선의 운이 오백 년이라 하고 조선의 운이 끝날 무렵에 상제
님께서 세상에 오시어 천지공사를 보신다는 것을 미리알아 말세의
일을 예언하여 전한 글 중에 있는 내용입니다.

[어지러운 용이 쪽문에서 나오게 되리라] 하는 내용이지만 그동
안 선천법으로 수도를 해온 사람들을 극히 혼란스럽게 만드는 사
람이 예상치 못하는 곳에서 오게 된다는 뜻인 것입니다.

상제님께서 동곡약방에서 종도들을 둘러앉히시고 [三國時節(삼국
시절)이 誰知止於司馬昭(수지지어사마소)]라는 글을 크게 읽도록 하심
도 [삼국시절이 사마소로 그칠지 누가 알았겠느냐] 하는 뜻으로 수
많은 영웅호걸들이 등장하는 삼국시절이 결국은 전혀 이름도 없었
던 사마소로 끝이 난 것처럼 상제님 천지공사도 종래에는 이와 같
이 된다는 뜻인 것입니다.

상서가 무르녹는 지상 선경으로 가는 길

그동안 도문안의 기운도 당연히 상극이 지배하였다는 같은 선천 기운이며 때가 되면 이와 상반된 새로운 운을 시작시키시는 것이 상제님 도수이므로 [상씨름]이 시작이 될 때는 전혀 예상치 못한 사람이 있게 되는 것입니다.

선천은 권위와 위엄을 세워 세상을 다스리는 세상이지만 앞으로 오는 세상은 道의 진리에 의하여 조화가 이루어지는 세상입니다.

수천 년 동안 웅패의 기운에 익숙해져 있는 세상에서 이와 상반된 기운을 전하는 사람이 있으므로 亂龍(난룡)이라 한 것이며 세상에서 가장 천대받는 사람들에게 먼저 교를 전하는 것이 상제님 도수인 것입니다.

구마이 당로(九馬而 當路)

옥황상제님께서 갑오년(1954) 원조 치성 후에 임원들에게 하명하시기를 [금년 도수는 구마이 당로(九馬而 當路)이니라. 이 도수는 나의 道가 도인이 모이고 세상에 알려지는 큰 도수이니만큼 그 목 넘기기가 어려울 것이니 도인들에게 언동을 각별히 조심하도록 단속하라] 하시고 중부 도인들을 지도 교화할 중부 임원을 임명하시니라.

당로(當路)는 정권을 잡은 사람들을 뜻하는 것이라 하며 [구마이 당로]라 하심은 당연히 아홉 명의 수교자(수도자)들을 두고 하신 말씀입니다.

앞으로 교운, 교법이 시작이 되고 道를 얻은 사람들을 뜻하시는 것이며 무극의 체인 靈을 체득한 수도인들을 뜻하시는 것입니다.

[목 넘기기가 어렵다] 하심은 아홉 명의 수교자들이 출현할 때는 [혼천동지하고 의심나고 땀날 때가 있다] 하심과 같이 둔궤가 사술

상서가 무르녹는 지상 선경으로 가는 길

자의 차지가 되어 허강이 오게 되므로 진법을 봉행하는 도인들이 큰 고비를 맞게 될 때가 있기 때문입니다.

언동을 조심하지 않아 허강을 받은 사술자들에게 빌미가 잡히면 수교자들이 큰 화를 입을 수도 있으므로 말을 각별히 조심하라는 말씀입니다.

옥황상제님께서 [현재의 중부체재가 충주 괴산은 음양이고 충주 괴산 연립은 삼재 정립지형이며 중산 영주 김천 청주 연풍은 오행을 뜻하느니라] 하심과 같이 교운, 교법이 시작이 되는 [태극기동의 원점]이 중부이며 아홉 명의 수교자들이 장차 중부에 있는 도인들을 지도하고 교화하게 될 책임자들이므로 이 도수를 보시면서 중부 도인들을 지도 교화할 중부 임원들을 임명하신 것입니다.

상제님께서 [나의 형체가 사두용미이니라] 하심과 같이 수천 년 동안 인류가 서로 자기 쪽은 위하고 남과는 이기고자 하는 상극운 속에서 살아와 상제님 도덕이 처음에는 어렵게 전해지게 되지만 종래에는 온 세상에 두루 전해지게 된다는 말씀입니다.

6인 포덕이라고 하심도 매인이 여섯 명에게 道의 진리를 가르치어 [평천하]를 이루실 수 있는 상제님 도덕을 체득하게 해주는 것을 뜻하시는 것입니다.

수도하는 사람들이 道는 당연히 있는 줄 알고 쉽게 말을 하지만 실제로는 선천 수천 년 동안이 道의 진리와 상반된 웅패의 상극이 온 세상을 지배하여 이 기운이 천하 사람들 마음에 깊이 배어 있어 道의 체인 상제님 도덕이 세상에 전해지기가 극히 어려운 일인 것입니다.

체인 靈을 체득할 수 있어야 성도를 할 수가 있는 것이며 그렇지 못하면 아무리 오래 수도를 한다 하여도 세상없어도 성도를 할 수가 없는 것입니다.

상제님 분신과 같은 靈이 마음 안에 있으면 세상없어도 허령이 차고 들어오지 못하지만 靈이 없으면 허령이 차고 들어오기도 하는 것이며 수련을 잘못하면 허령이 드는 경우가 있는 것도 모두 이 때문인 것입니다. 현재는 도인들이 體(체)를 체득하지 못해 청학 공부 자체를 할 수가 없는 것입니다.

[세계일가를 이루실 수 있는 상제님 도덕은 당연히 선천기운과 근본적으로 상반된 기운이므로 처음에는 어렵게 전해질 수밖에 없지만 때가 되면 두루 전해지게 되어 장차 진법 공부를 하는 도인들은 누구나 성도할 수 있게 하신 것이 상제님 도수인 것입니다.

복록 수명

[왕생 극락]이라는 말도 있듯이 앞으로 오는 후천 선경은 인류가 온갖 고해에서 벗어나 그 이상 좋을 수 없는 세상이며 전해져오는 말에 의하면 땅에는 자갈 같은 것이 없고 지극히 깨끗하고 평평하다 하며 자연경관이 그 이상 아름다울 수가 없고 나무에는 온갖 진귀한 열매가 맺어 있으며 하루하루가 새롭고 즐거우며 여자가 오백 세가 되어야 시집을 가게 된다는 말도 있듯이 수명이 지극히 길어지며 말로 다 표현을 할 수 없으리만큼 [선경의 락]이 한이 없으므로 [극락]이라 하는 것입니다.

흔히 [운수를 받는다] 하는 것이 곧 선경의 복록과 수명을 얻는 것을 두고 하는 말이며 곧 선경에 참여할 수 있는 자격을 얻는 것이 운수입니다.

수도하는 사람들이 그동안 있는 것 없는 것 모두 버리고 상제님 도문에 들어와 헌신을 다하였으니 때가 되면 당연히 운수를 얻을 수 있으리라 믿고 있는 것이 현실이지만 앞으로 오는 세상은 최고 높은 하늘의 도덕이 땅에서 실현이 되는 세상이며 당연히 속세의 그릇된 관념에서 벗어나 하늘의 지극한 도덕을 얻을 수 있어야 선경의 복록과 수명도 얻을 수 있게 되는 것입니다.

무극의 도덕은 집단 간 나라 간까지라도 음양 두 기운이 서로 부족한 것을 채워주고 덕성을 합하게 만들어 태극을 이루게 만드는 기운인 것입니다.

선천기운은 당연히 이와 반대로 서로 상대를 해치던 기운이며 현재는 상극의 기운이 많이 물러가고 겉으로는 서로 상생을 주장하기도 하지만 상대방의 약점을 파헤쳐 서로 헐뜯고 자기 쪽의 이로움을 위하여 서로 상대를 잘못되게 만들고자 하는 기운이 세상 기운이 아니고 무엇이겠습니까?

당연히 이와 같은 속세의 그릇된 마음을 버리지 못하면 세상없어도 선경의 운수를 얻을 수 없는 것입니다.

상제님께서 대학교 공사를 보시면서 [청수]를 마시게 하시고 [이것이 복록이로다] 하심이 [선경의 복록]을 얻는 것이라는 말씀이 아니고 무엇이겠으며 [복록 수명]이라 하심과 같이 복록을 얻으면 당연히 수명이 따르게 되는 것입니다.

[청수]를 마시게 하심이 세상에서 끊어지고 고갈이 되었다는 [물기운]이라 표현하신 무극의 체(體)를 전해주시는 공사이시며 동(動)

과 정(靜) 두 기운이 어우러져 있는 태극을 가지고 있어 항시 일동 일정을 순환 반복을 하면서 삼라만상에 지극한 기운을 보내주는 존재이므로 [수기를 돌리리라] 하신 것입니다.

[천지에 수기가 돌 때는 천하 사람들이 배우지 않아도 통어하게 되나니 와지끈 소리가 나리라] 하심도 [理(이)와 氣(기)]인 상제님 도덕과 고부인으로 비유하신 大道의 기운이 三界에 모두 통할 때를 두고 하신 말씀인 것입니다.

과학자들이 [미세한 분자 구조와 태양계의 구조가 똑같다] 하듯이 천지에는 오행을 조화시키는 일정한 법칙이 있는 것이며 氣(기)가 이 법칙을 뜻하는 것이며 자체가 신명으로 존재를 하는 것입니다.

앞으로는 주역으로 용사하는 신명의 운이 끝나고 정역으로 용사하는 신명의 기운이 三界에 모두 통하여 아주 미세한 분자 구조에서부터 천지까지 새롭게 조합이 되고 새로운 질서로 바뀌게 되므로 [와지끈 소리가 나리라] 하신 것입니다.

하물며 선경의 대운이 시작이 되고 大道의 기운이 三界에 모두 통하여 후천 선경이 열리기까지 얼마나 걸리겠으며 상제님께서 가운데에 점을 치시고 [이 점이 될 때는 세상일이 다 되느니라] 하심이 이 때문에 하신 말씀입니다.

우주 생성 변화의 본체

옥황상제님께서 [道의 본체인 무극 곧 태극을 과학자는 우주자연이라 하고 우리나라에서는 하느님이라 하고 서교에서는 여호와라 하고 불가에서는 비로자나불이라 하나 그 명호야 어떠하든 우주 생성 변화의 본체는 무극 곧 태극이니라. 무극과 태극은 체와 용이니 무극이 그냥 정(定)으로만 있어서는 다만 음양 미분의 체일 뿐이고 음양이 구분되어 기동하는 작용이 태극이니라. 일찍이 구천상제님께서 무극주로써 진멸지경의 인세에 하강하셔서 三界공사로 도수를 짜놓으신 사실을 수유라도 잊어서는 안 되느니라. 나는 이제 태극주로서 무극주 상제의 도수를 풀어 설법함이니 무극이 곧 태극이며 태극이 곧 무극인 체용일여(體用一如)의 원리를 너희들이 알라. 그러므로 내가 베푸는 법방만이 만 인간들에게 안심 안신을 주어 광구하리니 경천 수도를 게을리하지 말라] 하고 당부하셨습니다.

말씀대로 무극의 체가 동(動)과 정(靜) 두 기운으로 구분이 되어 일동(一動) 일정(一靜)을 순환 반복하는 것이 곧 태극이 되는 것이며 [우주 생성 변화의 본체]라 하심과 같이 우주가 생성하고 무궁한 변화를 이루어 존재케 하는 근원이 되는 것입니다.

무형의 무극 곧 태극이 어찌 온 우주를 만들어냈는지는 사람의 지각으로는 헤아리기가 어려운 일이지만 道가 일동 일정을 하는 작용으로 천지가 이루어졌다는 것은 도학을 하는 사람들은 누구나 한결같이 주장하는 것입니다.

처음에는 동과 정 두 기운으로 분류되지만 다시 합덕하고 조화를 이루어 낳고 낳는 이치로 무궁한 변화를 이루게 되는 것이며 근본적으로는 무극의 지극한 도덕이 털끝만 한 사가 없으시어 서로 상반된 두 기운을 하나처럼 되게 하여 조화를 이루게 만드는 것입니다.

천지가 모두 이와 같은 태극의 용(用)으로 이루어졌지만 道의 지극한 기운이 일동 일정을 순환 반복을 하면서 삼라만상에 항시 전해져 합덕 조화를 이루는 기운을 잃지 않도록 하는 것이며 [진멸지경]이라 하심은 道의 기운이 전해질 수 없게 되었기 때문인 것입니다.

옥황상제님께서 [시학, 시법]을 [三界를 광구할 유일무이한 공부법방]이라 하심도 장차 도인들이 상제님 도덕기운을 천지에 다시 순환시키는 공부이기 때문인 것입니다.

상제님께서 성인의 마음은 터럭만큼도 편벽되거나 치우치지 않는다 하심이 우리 쪽이건 남의 쪽이건, 귀천에도 터럭만큼도 편벽되거나 치우치지 않는다는 말씀으로 무극의 도덕이 나라는 사가 전혀 없으시어 이와 같다는 말씀인 것입니다.

마음이 치우치지 않으면 당연히 나라 간까지라도 같은 존재로 여길 수 있게 되는 것이며 같은 존재로 여기면 서로 부족한 것을 도와주게 되고 덕성을 합할 수 있게 되어 무궁한 선한 결실을 이룰 수 있게 되는 것은 당연한 일인 것입니다.

수도정진하여 선천의 상극된 관념과 사람의 편소한 마음에서 완전히 벗어나 이와 같은 무극 태극의 진리를 체득할 수 있어야 비로소 [진도통], [우주 전체의 大道通]을 할 수 있게 되는 것입니다.

선천세상은 당연히 정반대의 기운이 지배한 세상이며 부족한 것을 도와주기는커녕 서로 상대를 해치고 멸망시키고자 하던 세상이 아니고 무엇이겠으며 결국은 수많은 원한이 쌓이고 맺혀 삼계를 가득 채우고 넘쳐 무극의 도덕기운이 삼라만상에 전해질 수 없게 되어 온 천지가 진멸지경에 이르게 된 것입니다.

[상극의 지배]라 하심과 같이 상대를 강압과 위무로 복종토록 만들고 지배하고자 하는 삿된 욕심을 가지고 있는 응패의 기운이 온 세상을 지배하게 되어 천하가 모두 상극하게 된 것이며 상제님께서는 [무신 납월 천지 대공사]라 하시고 옥황상제님께서는 [三界

해방 해박 도수라 하심과 같이 근본적으로 선천세상을 지배한 웅패의 기운을 거두시는 공사가 있고 나서야 무극의 지극한 도덕이 전해질 수 있게 되는 것입니다.

현재도 집단 간 나라 간까지도 치우치지 않아 [세계일가]를 이루게 할 수 있는 상제님 도덕을 세상이 어찌 쉽게 받아들일 수 있겠으며 현재 상제님 도문에서 수도하는 사람들은 어찌 능히 받아들일 수가 있겠습니까?

천하 사람들 마음에 상극된 기운이 너무 깊이 배어 있어 상극운이 비로소 물러가고 시작이 되어도 어렵게 시작이 될 수밖에 없는 것이며 [상씨름]이라는 큰 문턱을 넘고 나서야 비로소 상제님 도덕 기운이 삼라만상에 전해지는 수기가 돌게 되고 천하 사람들 마음에도 전해질 수 있게 되는 것입니다.

오십 년 공부종필

옥황상제님께서 1919년 구천상제님 탄강 치성일에 [보천교]에 가셔서 [둔궤]를 가지고 나오셨으며 이후에 백 일을 한도수로 잡으시고 낮에는 도수를 보시고 밤에는 철야로 [검무도수]를 보시는 극한 고행을 연이어 행하셨습니다.

처음에는 경상도 함안군 반구정에 둔궤를 옮기시어 [검무도수]를 보셨으며 다음 해에 이순신 장군의 검과 똑같은 검 3자루를 만드시어 반구정에서 다시 백 일간 검무도수를 보시고 그해 겨울에 안면도에 딸려 있는 철도라는 작은 섬에 들어가서서 소한, 대한의 혹한에도 백사장에 단을 설치하시고 백 일간 철야로 검무도수를 보셨습니다.

옥황상제님께서 보천교에 가서서 궤를 가지고 나오신 후에 이와 같은 극한 고행을 연이어 하시면서 [검무도수]를 보심이 궤 안에 어떤 기운이라도 있어 기운을 지키시기 위하여 보신 것이 아니라 훗날에 大道가 출현하고 당연히 천지에 있는 모든 마의 세력이 大道

상서가 무르녹는 지상 선경으로 가는 길

를 해치려 하게 되므로 척신들의 세력을 막아내시는 도수를 보신 것입니다.

일본에게 한 번도 패한 적이 없는 이순신 장군의 검과 같은 검을 만드시어 [검무도수]를 보심은 大道를 해하려는 현무의 기운을 막아내시기 위함이신 것입니다.

[잠룡도수], [잠룡지각도수]라 자주 말씀하심도 당연히 大道가 판밖에 나와 잠룡하는 도수와 판밖에서 [실공부]를 하여 지각하는 도수를 뜻하시는 것입니다.

8·15 해방이 가까이 오자 [해박, 현룡의 대도수로 3·8 동방 목운을 회선시켜 천하 창생들을 구제할 도운]과 [大道 회룡의 일대 전기를 마련하는 도수]라 하시고 극한 고행을 하셨으며 해방이 되자 [三界 해방도수를 보아 태을문을 여는 대공사를 이룸이라] 하시고 [오늘 일에 그치지 않고 三界 모두 태극의 원리로 음양이 기동하리니 근역강산이 중심핵이 되리라] 하셨습니다.

몇 년 후에 부산에 들어가시면서 [임금산 도수]라 하시고 [임금산이라야 태극원점의 기지를 얻을 수 있느니라] 하셨으며 6·25 전쟁 직전에는 [복중 팔십 년 신명 도수]라 하시고 [동청룡이 동하고 회룡이 현(見)하는 도수]를 전쟁과 비유하시어 공사를 보셨으며 전쟁이 끝나고 감천으로 들어가시기 직전 [천장길방인 길지를 찾아 도강이서하여 정주할 대이동 도수와 상제님께서 정하신 대학도수

가 돌아오느니라] 하시고 감천으로 이주하시면서 [오강록 도수],
[도강이서 도수]라 하시고 감천을 [새서울]이라 하셨습니다.

 감천에 이주하시고서 3년 후인 정유년(1957)이 되어서야 비로소
[회룡이 현(見)]하여 첫인사를 하는 [진시 삼천지반 도수]를 보시고
[동청룡 기동 도수로 진시 삼천지반이니 대운대사 소원성취가 불
원임을 고하노라] 하셨습니다.
 몇 달 후에 [대강전]을 영건하시고 이어서 [대강과 도통의 전제]
라 하시고 [三界를 광구할 유일무이한 공부 법망]이라 하신 [시학,
시법 공부 법망]을 마련하시고 다음 해에 [오십 년 공부 종필]을
하셨습니다.

 옥황상제님께서 오십 년 고행을 하신 것이 결국은 大道가 판밖
에 나왔다가 회룡하는 데 초점을 맞추신 것이 아니고 무엇이겠으
며 大道가 성공할 수 있도록 하시기 위하여 백 일 동안 [불면불휴]
하시는 공사를 화천하실 때까지 수없이 되풀이하시면서 공사를 보
신 것입니다.
 앞으로 오는 후천 개벽과 지상 선경도 모두 大道의 기운으로 이
루어지고 대도가 만들어내는 것이며 이와 같은 불가사의한 능력을
가지고 있는 신물이 어느 날 갑자기 나타나는 것이 아니라 엄청난
정성과 극심한 고난을 수반하고 나서야 비로소 이루어질 수 있으
므로 [오십 년 고행]을 하신 것입니다. 하물며 어찌 大道의 존재를

믿지 못할 수가 있으며 大道가 없으면 옥황상제님께서 그리 고행
하실 이유가 없는 것입니다.

상제님께서 여동빈의 일화를 말씀하시고 [너희 일도 이와 같으니
라] 하심도 훗날에 수도하는 사람들이 大道의 존재를 믿지 못하는
것을 두고 하신 말씀인 것입니다.

해박(解縛) 도수

인심은 나라는 사가 없을 수가 없으므로 자신을 기준으로 분별과 가림을 두어 치우칠 수밖에 없는 성정이므로 세상없어도 반목과 불화가 안 생길 수가 없는 기운인 것입니다.

하늘은 나와 남이라는 사가 전혀 없으시어 사람처럼 우리 쪽이니 남의 쪽이니 분별을 두어 치우치지 않으시며 귀천에도 전혀 가림을 두지 않고 덕을 베푸시는 기운이므로 터럭만큼도 편벽되거나 치우치지 않는다 하신 것입니다.

사람이 수도를 하여 인심의 경계를 넘어 이와 같은 하늘의 지극한 성정을 얻는 것을 득도(得道)라고 하는 것입니다.

당연히 이와 같은 상제님 도덕이 세상에 전해지면 천하가 화합할 수가 있게 되는 것이며 [평천하(平天下)는 내가 할 테니 치천하(治天下)는 너희들이 하라] 하심도 상제님 도덕으로 [평천하]하시어 [천하일가]를 이루신다는 말씀이며 세상 사람들에게 가르치고 전하는 것은 도인들이 하라는 말씀인 것입니다.

상서가 무르녹는 지상 선경으로 가는 길

하느님의 형상을 물려받고 만물 중에서 최고의 성을 가지고 있는 인류에게 이와 같은 하늘의 性을 부여하심은 당연하신 일이며 인류가 이를 모두 잃어 온갖 반목과 불화가 생기는 것이 당연한 대병(大病)인 것입니다.

현재 상제님 도문에 있는 사람들은 어찌 道를 얻었다 할 수가 있겠으며 서로 자기 쪽만 중한 줄 알고 위할 줄 알아 서로 헐뜯고 온갖 불화를 일으키는 볼썽사나운 세상 기운이나 현재 도문안의 기운이 어찌 근본적으로 다르다고 할 수가 있겠습니까?

하물며 병겁이라도 닥쳐와 온 인류가 창상을 입을 때 세상 사람들을 병겁으로부터 구해줄 수 있으리라고 믿는다면 그것이 착각이 아니고 무엇이겠으며 자신조차도 道를 회복하여 대병에서 벗어나지 못하였는데 누구를 구해준다는 것이 어찌 있을 수가 있는 일이며 당연히 먼저 得其有道(득기유도)하여야 가능한 것입니다.

[의통을 잘 알아두라] 하심도 온 세상이 잃어버린 상제님 도덕을 깊이 공부하라는 말씀입니다.

선천은 웅패의 상극이 온 세상을 지배하여 서로 편을 갈라 적대시하고 온갖 전란을 벌이기도 하던 세상이니 이와 같은 상극운 속에서 인류가 살아오면서 우리 쪽이건 남의 쪽이건 전혀 상관없이 덕을 베푸시는 상제님 도덕을 어찌 지켜낼 수가 있겠으며 당연히 온 세상에서 고갈이 될 수밖에 없는 것이 선천운인 것입니다.

상제님께서 [의통을 잘 알아두라] 하셨음에도 한평생 수도를 하였다 하여도 [의통]이라 하심이 도대체 무엇을 뜻하시는지조차도 이해하기 어려운 것이 현실이 아니고 무엇이겠으며 이 모두가 그동안의 도문안의 기운도 같은 선천기운이므로 [의통]인 상제님 도덕을 공부할 수 없기 때문인 것입니다.

위계를 세우고 위무로 통제하는 기운 속에서 자기 쪽에 치우치지 않는 무극의 도덕을 공부하고 추구하는 것이 어찌 가능할 수가 있겠으며 당연히 [해박 도수]로 남을 구속시키는 선천의 그릇된 운이 물러가고 나서야 상제님 도덕이 세상에 전해지기 시작하는 [도운]도 시작이 될 수 있으며 [의통 공부]도 할 수가 있는 것입니다.

옥황상제님께서 해방되던 해에 [해박, 현룡의 大도수로 3·8 동방 목운을 회선시켜 천하 창생들을 구제할 도운]이라 표현하심도 이 때문입니다.

숙구지(宿狗地) 공사

　상제님께서 [잠자던 개가 일어나면 산 호랑이를 잡는다] 하시고 [태인 숙구지 공사로 일을 돌리리라] 하심이 [정음정양]의 새로운 운(運)을 시작시키시는 공사인 것입니다.

　[정음정양]의 운을 맡은 문공신 종도에게 [孤忠一代 無雙士(고충일대 무쌍사) 獻納三更獨啓人(헌납삼경독계인)]이라는 한시를 말씀하심도 판밖에서 [정음정양]의 진리를 전하는 것을 두고 하신 말씀인 것입니다.

　[일본이 배은망덕 줄을 범함으로 판밖에서 남의 의뢰 없이 남모르는 법으로 일을 꾸미리라] 하셨으니 [산 호랑이]라 하심이 누구를 뜻하시겠으며 獻納三更獨啓人(헌납삼경독계인)이라 하심도 야심한 밤에 홀로 사람들을 일깨워준다는 뜻으로 판밖에서 일을 꾸미는 것을 뜻하시는 것입니다.

　옥황상제님께서 해방 직전에 [음양합덕의 태극원리 정음정양의 기동이 도수에 이르렀으므로…] 하심도 상제님께서 [임시 일꾼]으로 내세우신 일본이 물러감에 따라 [정음정양]의 새로운 운을 시작시키시는 공사를 보신 것입니다.

[음양합덕의 태극진리로 생활하는 자는 저절로 인의와 자비, 박애를 실천하여 이행하는 것이니 이로써 법률이나 사회질서도 저절로 이룩될 것이니 이것이 무위자연의 원칙이니라] 하심과 같이 [음양합덕의 태극원리라 하신 [정음정양]의 운이 시작이 되는 것이 곧 [무위이화]로 천하가 다스려지던 [요순의 道]가 다시 시작이 되는 것입니다.

개인 간 집단 간이건 마음이 치우치지 않으므로 [정음정양]이라 하신 것이며 마음이 치우치지 않으면 당연히 같은 존재로 여기게 되니 서로 다투고 해치는 일이 어찌 있겠으며 [정음정양]의 바른 도덕이 현실에서 실현이 될 수 있으면 당연히 천하가 무위이화로 다스려지게 되는 것입니다.

옥황상제님께서 화천하시기 수일 전에 [나의 일은 구변구복(九變九復) 도수로 성취되느니라] 하심도 8·15 해방 때를 비롯하여 아홉 번 변하고 아홉 번 다시 반복하여 보시는 도수로 비로소 상극운을 물러가게 하시고 [정음정양]의 운을 시작시킬 수 있게 된다는 말씀이며 그만큼 선천 수천 년 동안이나 상극이 지배하여 이 기운이 깊이 배어 있을 뿐만 아니라 서로 적대시하는 기운이 아직도 많이 남아 있는 세상에서 집단 간, 나라 간까지도 같이 여길 수 있

상서가 무르녹는 지상 선경으로 가는 길

어 [세계일가]를 이루게 할 수 있는 [정음정양]의 운을 시작시키시기가 그만큼 어려운 일이기 때문입니다.

더욱이 개가 산 호랑이와 싸워 어찌 이길 수가 있겠으며 도저히 불가능한 일을 되게 하시기 위하여 [구변구복도수]를 보신 것입니다.

革去舊 鼎取新(혁거구 정취신)

옥황상제님께서 감천으로 들어가시기 직전에 [혁신도수]를 보시고 [혁신서문]을 지어 올리도록 하셨으며 [혁신서문]을 받아 보시고 말씀하시기를 [주역에 井道(정도)는 不可不革(불가불혁)이요 革物者(혁물자)는 莫若鼎(막약정)이라 하고 또 革(혁)은 去故也(거고야)요 鼎(정)은 取新(취신)이라 하였으니 이는 나의 일임을 너희는 깨달아야 하느니라] 말씀하셨습니다.

옥황상제님께서 정산(鼎山)이라는 호를 가지고 계심과 같이 천하 사람들을 [정신개벽, 인간개조]로 혁신토록 하시어 인류에게 온갖 화를 끼쳤던 상극의 기운을 모두 물러가게 하시고 천하가 모두 화합하는 새 세상을 이루시기 위하여 오십 년 고행을 하신 것입니다. [혁신]이라 하심이 결국은 [세계일가]가 이루어진다는 후천 선경의 대운을 얻기 위하여 하는 것이며 당연히 서로 편을 갈라 온갖 상극을 벌였던 세상에서 몸과 마음에 밴 그릇된 기운을 모두 버리는 것입니다.

상서가 무르녹는 지상 선경으로 가는 길

道가 곧 마음의 체(體)로 존재하는 것이며 눈으로 볼 수는 없고 오직 마음으로 지각할 수 있는 기운이며, 사람처럼 우리 쪽이니 남의 쪽이니 하여 분별을 두고 편을 가르는 사가 없어 털끝만치도 치우치지 않는다는 기운인 것입니다.

하물며 서로 적대시하고 온갖 전란을 벌이기도 하는 세상에서 살아온 사람들이 집단 간 나라 간까지도 치우치지 않아 같은 존재로 여길 수 있는 마음을 어찌 받아들일 수가 있겠으며 서로 극한 대립을 하는 상극운이 많이 물러간 현재에도 세상 사람들이 이와 같은 마음을 받아들이기가 극히 어려운 것이 아니고 무엇이겠습니까?

하지만 상제님께서 앞으로 오는 세상이 천하가 한 집안처럼 되는 세상이라 하심이 때가 되면 천하 사람들이 모두 이와 같은 道의 본마음을 체득하는 세상이 오기 때문인 것입니다.

당연히 수도하는 사람들이 먼저 혁신하고 정신개벽을 하여 선천의 그릇된 마음을 능히 버리고 세상 사람들도 그리 하도록 선도하는 것이 [수도의 목적]이 아니고 무엇이겠으며 하물며 [무자기 정신개벽]을 이루지 못하면 그동안 애써 수도한 것이 무슨 의미가 있겠습니까?

요즈음 코로나라는 전염병이 중국의 한 지역에서 시작하여 세상에 번지지 않은 곳이 없으며 사람을 해치는 나쁜 기운도 자기 복제를 하여 온 세상에 번져나가지만 상제님께서 [귀신]이라 표현하신 道도 이와 같이 자기 복제를 하여 온 세상에 전해지는 존재인 것입니다.

　수천 년 동안이나 상극운 속에서 살아온 사람들에게 [세계일가]를 이루게 할 수 있는 상제님 도덕기운이 처음에는 어렵게 어렵게 전해질 수밖에 없지만 때가 되어 천하 사람들 마음에 깊이 배어 있는 상극의 기운이 풀리게 되면 온 세상에 두루 번져나가게 되고 세상 끝까지 전해질 수 있게 되는 것이며 道를 모르는 세상 사람들도 공덕이 되어 기운을 받아들일 수 있어야 선경에 넘어갈 수가 있게 되는 것입니다.

　　　　　　　　　　　　　상서가 무르녹는 지상 선경으로 가는 길

조화궤와 둔궤

상제님께서 궤 두 개를 만드시어 큰 것을 조화궤라 하시고 동곡 약방에 두시고 작은 것을 둔(遁)궤라 이름하시고 공부하실 때에 七十二현(賢)의 七十二 둔궤로 쓰시다가 신경수 집에 두시는 공사를 보심이 장차 허강과 진강이 있게 되므로 보신 도수인 것입니다.

당연히 먼저 [둔궤]가 성공하여 허강이 있게 되며 후에 [조화궤]가 성공하여 진강이 있게 되는 것입니다.

七十二현의 七十二 둔궤 도수가 [두문동 성수] 도수이며 이 도수가 있을 때 둔궤가 사술자의 차지가 되어 허강이 오게 되며 往劫鳥飛三國塵(왕겁오비삼국진)이라 하심이 이때를 표현하신 것입니다.

장차 까마귀가 날 때는 三國에 먼지가 일게 된다는 뜻이지만 사람이 하늘을 날아다니는 기상천외한 일이 벌어져 세상이 혼란스럽게 될 때를 뜻하시는 것입니다. 三國이라 하심은 현재 도문안에 여러 민족이 같이 있으므로 수도하는 사람들이 혼란스럽게 된다는 뜻일 수도 있는 것입니다.

옥황상제님께서 [앞으로 배도자들의 기승하는 난동과 각 종파의 도통했다는 사술자들이 나타나 천마산과 옥녀봉을 훨훨 날면서 나를 따라야 살 수 있고 도통한다는 혼천동지하고 의심나고 땀날 때가 있으리니 그때에도 너희들이 나를 믿겠느냐? 그때도 나를 믿고 궁 단속과 법방수행을 잘하라. 제일 중요하느니라. 청처짐하다는 말이 있듯이 우리 도는 맨 나중에 이루어지느니라] 하심도 이때를 두고 하신 말씀인 것입니다.

[조화궤]가 있는 진짜 동곡약방인 [태극기동의 원점]에 있는 도인들에게 하신 말씀으로 이때에도 궁 단속을 철저히 하여 [조화궤]를 척신들로부터 수호하고 [시학, 시법 공부 법방]을 철저히 준행하라는 말씀입니다.

상제님께서 [상생의 道로 후천 선경세상을 열 조화정부를 세워 무위이화와 불언지교로 화민정세하리라] 하심도 당연히 [조화궤]가 있으므로 후천 선경세상을 열 수 있는 [조화정부]를 세우시는 공사를 보신 것입니다.

聖人之心法(성인의 심법)

[각도문]에 [求於文章者(구어문장자) 聖人之心法 難得(성인지심법 난
득) 求於外飾者(구어외식자) 聖人之眞實 難得(성인지진실 난득)]이라 하심
이 문장(문장의 색채)을 구하고자 하는 자는 성인의 심법을 얻기가
어려우며 외식을 구하고자 하는 자는 성인의 진실을 얻기가 어렵
다는 말씀으로 당연히 겉꾸밈을 좋아하면 성인의 심법을 얻기가
어렵다는 말씀입니다.

[聖人之心法]이라 하심이 곧 [서전서문]에 [요순우 상수심법]을
뜻하시는 것입니다.

[道與治(도여치)]라는 구절도 있듯이 오랜 옛적에 웅패의 기운이
세상을 지배하기 전에 [성인의 심법]이 백성들에게 전해져 [무위이
화]로 천하가 다스려질 때가 있었으며 당시에는 임금이 초가삼간
에서 살았다는 말이 전해져오는 것도 그만큼 임금이 권위를 세우
는 일체의 사욕이 없었다는 뜻인 것입니다.

수천 년 동안 온 세상을 지배하였던 웅패의 상극운을 끝내시고 요임금께서 세상에 전하신 道를 현실에서 다시 실현을 시키시는 것이 [구천의 도수]이므로 다시 시작이 될 때도 오랜 옛적과 비슷한 모습으로 시작이 되는 것입니다.

이와 같은 것이 상제님 도수이므로 일체의 겉꾸밈과 외식을 좋아하는 마음을 버려야 체득할 수 있게 된다고 하신 것입니다.

옥황상제님께서 [오만 년에 유일하고 우주 간에 무이한 진리의 성전]이라 하신 [대강전]을 지극히 검소하게 영건하신 것도 모두 구천상제님께서 짜놓으신 도수가 그와 같기 때문입니다.

[허는 외화내빈한 법이니라] 하심도 허는 반드시 겉꾸밈에 치중하게 된다는 말씀입니다.

[지심대도술(知心大道術)]이라 하심과 같이 수도하는 사람들이 [세계일가를 이루실 수 있는 상제님 도덕을 깊이 공부하고 이해하여 온갖 반목과 불화를 일으키는 인심을 모두 버리고 마음을 체득하는 것이 道를 얻는 것이며 마음과 통하는 것이 道에 통하는 것입니다.

당연히 마음을 얻고자 하는 사람은 겉꾸밈을 추구하지 않으며 겉모습이 우월한 것을 좋아하는 사람은 눈에 보이지 않는 마음을 궁구하지 않는 법입니다.

상서가 무르녹는 지상 선경으로 가는 길

안심, 안신의 요체

옥황상제님께서 판옥의 부실을 염려하는 도인들에게 [하늘이 무너질까 겁내느냐 땅이 꺼질까 두려워하느냐 오직 네 마음과 몸이 무너지고 꺼짐을 겁내고 두려워하라. 이것이 안심 안신의 요체이니라] 말씀하셨습니다.

당연히 자신이 잘못될 것을 진심으로 두려워하여야 일체의 사사로운 욕심을 버리고 道를 구하고자 하게 되는 것이며 항상 조심하여 허영에 빠지거나 유혹에 넘어가지 않고 안심, 안신을 유지할 수 있게 되므로 하신 말씀인 것입니다.

사람이 생로병사를 겪는 것은 당연한 일이며 누구나 죽음을 두려워하지만 이를 피할 수는 없는 것입니다.

그동안은 이승과 저승을 오가는 것뿐이며 진짜 죽는 것은 아닌 것이며 수많은 세월 동안 윤회를 거듭하면서 결국은 때가 되어 천지가 모두 완성을 이룰 때 같이 성불하여 왕생 극락하기 위하여 영적으로 성숙해온 과정인 것입니다.

천지에 가을이 와 사람이나 신명들이 모두 환골탈태가 될 때 같이 성불할 수 없으면 잘못되는 때가 오게 되는 것이며 진짜 두려워할 일이 이 일이지 그 외에 무엇이 있겠습니까?

상제님께서 [중화경]에서는 옛적의 군자들은 항시 전전긍긍하면서 자신의 마음과 행동을 살펴보는 것을 한시도 태만하지 않았다고 하셨으며 옥황상제님께서도 항시 두려워하고 조심하는 마음으로 수도를 하여야 득기유도(得其有道)하여 안심 안신을 이룰 수 있게 된다는 말씀입니다.

[병세문]에 [大病之藥(대병지약) 安心安身(안심안신)]이라 하심도 道를 얻는 것을 뜻하시는 것입니다.

세상에도 분별과 가림을 두시는 사가 전혀 없이 은혜를 베푸시는 상제님 도덕기운이 세상 기운을 주도하여야 천하 사람들이 서로 돕고 화합하고자 하여 세상의 질서가 바르게 될 수 있는 것이며 세상이 道를 잃게 되면 온갖 반목과 불화가 안 생길 수 없는 것입니다.

마찬가지로 소천지인 인신(人身)도 같은 것이며 당연히 道를 회복하지 못하면 안심 안신을 이룰 수 없는 것입니다.

[정심경]에 [四象(사상)이 成道(성도)하니 萬邦(만방)이 咸寧(함령)이라] 하듯이 하늘의 임금님(天君)이신 상제님 도덕을 체득할 수 있어야 안심 안신을 이룰 수 있는 것입니다.

진법이 다시 나리라

상제님께서 [나의 일이 초장 봉기 지세를 이루어 각색이 혼란스럽게 일어나되 다시 진법이 나리라] 하심이 곧 선경의 대운이 시작이 될 때를 두고 하신 말씀이며 상제님 도덕이 전해질 때를 두고 하신 말씀입니다.

진법이 곧 상제님 도덕에 의하여 음양 두 기운이 태극의 원리로 합덕하고 조화가 이루어지는 것을 진법이라 하는 것이며 진법이 시작이 되는 것이 곧 도운이 시작이 되는 것이고 이것이 교운과 교법인 것입니다.

상제님 도덕은 당연히 [평천하]를 이루실 수 있는 기운이므로 웅패의 상극운이 물러가고 상제님 도덕이 전해지기 시작하는 것이 선경의 대운이 시작이 되는 것입니다.

선천기운은 [무극시태극]의 진리와 상반된 기운이며 실제로는 道의 진리와 상반된 기운인 것입니다.

털끝만 한 사가 없는 상제님 도덕에 의하여 집단 간까지도 마음이 치우치지 않아 조화를 이루는 것이 태극의 진리이고 이를 道라고 하는 것입니다.

선천기운은 이와 같은 道의 진리와 상반된 기운이므로 상극이라 하신 것이며 그동안 도문안의 기운도 수천 년 동안 이어져오던 같은 선천기운이지 어찌 다른 기운이 될 수가 있겠습니까?

수도하는 사람들이 때가 될 때까지는 선천법으로 수도할 수밖에 없으므로 상제님께서 도인들이 잘 모르게 공사를 보신 것뿐이며 선천운을 주도한 웅패의 운이 끝이 나고 나서 [정음정양]의 운이 시작이 되는 것이 도운이 시작이 되는 것입니다.

상제님께서 [운수를 열어주신다] 하심은 진법이 시작이 될 때를 두고 하신 말씀이 아니라 [진법이 다시 나리라] 하신 때를 두고 하신 말씀인 것입니다.

진법이 처음 시작이 되는 것은 웅패의 상극이 지배하던 세상에서 몸과 마음에 밴 그릇된 인습을 버리고 원시반본하는 것이며 이때는 그동안 선천법을 道의 진리인 줄 알고 수도해오던 도인들에게 너무 혼란스러울 때이며 [난법이 먼저 나리라] 하심이 이 때문인 것입니다.

수천 년 동안이나 웅패의 기운에 지배를 받아 몸과 마음에 깊이 배어 있는 도인들이 이와 상반된 운을 받아들이기가 어찌 쉬울 수가 있겠으며 혼란이 올 수밖에 없는 것입니다.

새로운 운과 법이 시작이 될 때는 이를 막으려는 세력이 있게 되는 것은 당연한 일이며 척신들의 기운을 받아 진법 공부를 하는 도인들에게 온갖 박해를 가하는 수도인들도 많게 되는 것이 현실인 것입니다.

반만 년 동안이나 인간 사물을 지배하였다는 상극의 기운이 어찌 그리 쉽게 물러갈 수가 있겠으며 온갖 풍파를 겪을 수밖에 없는 것입니다.

이 과정이 지나고 진법이 다시 날 때가 운수가 열릴 때인 것입니다.

道通 天地報恩(도통 천지보은)

상제님께서 [운수가 열려도 자신이 감당치 못하면 본 곳으로 돌아가기도 하며 혹은 남에게 옮겨지기도 하리라. 잘 믿을지어다] 하심이 [무극대운]을 열어주어도 능히 이를 감당치 못하면 얻지 못하게 된다는 말씀인 것입니다.

사람의 마음은 아무리 그래도 자신이나 자기 쪽에 치우칠 수밖에 없는 기운이어서 갈등과 불화, 다툼이 안 생길 수가 없는 것입니다.

[무극대운]이 열려 하늘의 지극한 도덕이 인류에게 전해져야 비로소 음양합덕의 진리가 실현이 될 수가 있는 것입니다.

나와 남이라는 사가 없어 자신이나 자기 쪽에 치우치지 않으므로 서로 불화하지 않게 되며 집단 간 나라 간까지도 자기 쪽에 치우침이 없이 서로 상대에게 덕을 베풀 수 있게 되므로 당연히 천하평을 이룰 수 있게 되고 상극이 없는 세상이 이루어질 수가 있는 것입니다.

상서가 무르녹는 지상 선경으로 가는 길

후천 선경은 사람도 곧 하늘처럼 되는 세상인 것입니다. 사람이 하늘처럼 되는 것이 어찌 쉬울 수가 있겠으며 그만큼 운수를 얻기도 쉬운 일이 아닌 것입니다.

사람도 자식을 낳아 가르치는 것은 결국은 성인이 되어 자립할 수 있게 해주기 위함이며 하늘도 사람을 낸 것은 결국은 성불을 시켜 하늘과 같이 되도록 하기 위함이신 것입니다.

[도통 천지보은]이라 하심도 이를 두고 하신 말씀이 아니고 무엇이겠으며 도인들이 도통을 하여야 [성사재인]의 도수로 상제님 천지공사를 성사케 할 수가 있게 되므로 천지에 보은할 수 있게 되는 것입니다.

상제님께서 선천의 상극운이 끝나는 시점에 [무극대운]을 열어주시게 되는 것이며 옥황상제님께서 [三界 해방도수로 태을문을 여는 대공사를 이룩하였노라] 하심도 이를 두고 하신 말씀입니다.

남을 밑에 두고 복종, 구속시키는 웅패의 기운이 물러가야 인류가 서로 같은 존재로 여길 수 있는 하늘의 바른 도덕이 전해질 수 있게 되는 것은 당연한 일이며 병풍으로 전하신 [靈源出]의 靈이 곧 무극의 체를 뜻하시는 것이며 이와 통하는 것이 靈通이고 道通인 것입니다.

의성(意誠)

[대학]에 [物格而后(물격이후)知致(지치) 知致而后(지치이후)意誠(의성)
意誠而后(의성이후)心正(심정) 心正而后(심정이후)身修(신수) 身修而后(신수
이후)家齊(가제) 家齊而后(가제이후)國治(국치) 國治而后(국치이후)天下平
(천하평)]이라 하듯이 意誠(의성)이라 함은 만물이 존재하는 근본 이
치를 이해하여 올바른 가치관을 갖는 것을 뜻하는 것이며 수도하
는 사람들이 자신이 수도를 하여 도달하고자 하는 목표를 바르게
설정하는 것을 뜻하는 것입니다.

상제님께서 만물이 수만 가지로 다른 모습으로 존재를 한다 하
여도 이치는 같다 하셨으며 결국은 무극, 태극의 진리 안에서 존재
를 한다는 말씀입니다.

意誠(의성)이라 하는 것도 만물을 존재케 하는 진리를 이해하고
이 진리를 체득하는 것을 목표로 삼는 것을 뜻하는 것입니다. 결
국은 음양 두 기운이 합덕하고 조화를 이루어 만물이 존재를 하는
것이며 개인 간뿐만 아니라 집단 간, 나라 간까지도 음양합덕을 시

상서가 무르녹는 지상 선경으로 가는 길

킬 수 있는 기운을 체득하여야 종래에는 [천하평]도 이룰 수 있게 되는 것은 당연한 일인 것입니다.

하늘은 털끝만 한 사심이 없이 만물에게 무한한 은혜를 베푸시는 지극한 선이며 大學之道(대학지도) 在明明德(재명명덕) 在新民(재신민) 在止於至善(재지어지선)이라 하는 것도 인류가 선천 수천 년 동안 서로 해치는 상극운 속에서 살아오면서 이와 같은 하늘의 성정을 모두 잃었으니 이를 다시 밝혀 천하 사람들을 새롭게 하여 하늘이 부여한 본마음으로 다시 돌아가게 하는 것이 [대학의 道]라는 뜻인 것입니다.

선천은 근본적으로 상극이 지배한 세상이므로 세상 어디에서나 편을 갈라 다투고 이기고자 하는 기운이니 천하 사람들도 오직 남보다 잘하는 것을 최고로 여기는 그릇된 관념이 깊이 배게 된 것입니다.

현재 도문안의 기운도 마찬가지가 아니고 무엇이겠으며 明德이니 至善이니 하는 말은 하는 것조차도 버거운 것이 현실인 것입니다.

하지만 온 세상이 잃어버린 明德을 체득하기 위하여 수도를 하는 것이며 止於至善에 이르는 것이 [도즉아 아즉도]의 경지에 이르는 것이고 [도통진경]에 이르는 것입니다.

남보다 아무리 잘한다 하여도 성도를 이루지 못하면 무슨 의미가 있겠으며 그동안은 선천의 상극운 속에서 수도를 하는 과정이니 어쩔 수 없다 하여도 새로운 운과 법이 시작이 되면 자신의 이로움을 도모하는 사사로운 마음을 모두 버리고 진심으로 止於至善에 이르고자 하는 마음을 세울 수 있어야 소원성취를 이룰 수가 있는 것입니다.

이것이 진실로 자신을 잘되게 하는 방법이 아니고 무엇이겠으며 오직 자신의 이로움을 추구하면 종래에는 파멸을 자초하게 되는 것이 진리인 것입니다.

상서가 무르녹는 지상 선경으로 가는 길

해원상생 보은상생

상제님께서 [내가 평천하할 테니 너희들이 치천하하라] 하심은 상제님 도덕으로 평천하를 할 테니 道를 세상에 가르치고 전하는 것은 도인들이 하라는 말씀인 것입니다.

지침에 [포덕은 해원상생 보은상생의 양 원리인 대도의 이치를 바르게 알려주는 것이다] 하심과 같이 [치천하]라고 하심은 이와 같은 道의 진리를 전하는 것을 두고 하신 말씀이며 [매인 여섯 명에게 포덕하라] 하심은 앞으로 도인들이 최소한 여섯 명에게 해원상생, 보은상생의 원리를 잘 가르치라는 말씀인 것입니다.

선천은 강력한 인물이 출세하여 혼란한 세상을 평정하기도 하고 천하를 통일하여 사분오열이 된 천하를 하나로 만들기도 하지만 수많은 백성들에게 참혹한 화를 입히고 천하를 평정하는 법 이며 피를 안 흘리고 천하평을 하는 경우는 없는 것입니다.

하지만 상제님 도덕은 이와 반대로 남에게 덕을 베풀고 천하평을 이루는 기운인 것입니다.

자신이나 자기 쪽의 이로움을 도모하는 사사로움이 없이 상대에게 덕을 베풀면 상대도 당연히 그와 같이 하게 되므로 집단 간, 나라 간까지도 음양합덕이 이루어져 천하를 모두 화합하게 하여 종래에는 한 나라, 한 집안처럼 만들 수 있는 것이 道의 진리인 것입니다.

선천은 근본적으로 道의 진리와 상반된 운이므로 이와 같은 道의 진리가 현실에서 행해질 수 없었던 세상이지만 앞으로 오는 세상에서는 실현이 되므로 세계일가가 이루어지고 천하가 모두 화합하는 세상이 오게 되는 것입니다.

상제님께서 [세계 통일정권 공사를 보리라] 하심도 해원상생, 보은상생 진리로 천하평을 도모하는 새 정사를 세우신다는 말씀이며 [상생의 道로써 후천 선경세상을 열 조화정부를 세워 무위이화와 불언지교로 화민정세하리라] 하심도 같은 공사를 보신 것입니다.

상제님께서 [내가 태을주와 운장주를 벌써 시험해보았으니 김병욱의 액을 태을주로 풀고 장효순의 난을 운장주로 풀었느니라] 하심이 수천 년 동안 상반된 기운이 지배하던 세상에서 해원상생, 보은상생의 大원리로 진짜 포덕이 시작이 될 때 그만큼 어려움도 오게 되므로 도인들이 화액을 피할 수 있도록 기도문을 열어주시게 되므로 [태을주]와 [운장주]에 대하여 말씀하신 것입니다.

[해원상생 보은상생]이 곧 옥황상제님께서 말씀하신 [태극의 진리]이고 천지가 존재하는 근본 원리인 것입니다.

수천 년 동안 집단 간, 나라 간에 서로 적대시하고 상대에게 참혹한 화를 끼치기도 하던 세상에서 반대로 서로 상대에게 덕을 베풀어 천하평을 도모하는 상제님 도덕기운이 세상에 전해지기 시작할 때 누가 이를 막으려 하겠으며 당연히 웅패의 악에 깊이 물들어 있는 자칭 수도인들이 그리하게 되는 것입니다.

어쩔 수 없는 과정인 것이며 大道를 체득하기 위하여 수도하는 사람들도 이 과정을 인내하면서 진짜 수도도 되고 복록도 쌓게 되는 것이며 상제님께서 [장차 천하 만국을 주유하면서 중생들을 가르칠 때는 그 부귀영화가 비길 데 없으리라] 하심과 같이 영원한 부귀영화를 누릴 때가 머지않아 오게 되는 것입니다.

回 水氣之藥 上房

상제님께서 동곡약방을 여시고 약장에 24가지 약재를 넣으신 후에 약방문 위에 [回水氣之藥 上房(회수기지약 상방)]이라 써서 붙이라 하셨으며 [수기인 약을 돌리는 높은 방]이라는 뜻으로 온 세상에서 고갈이 되었다 하신 물기운을 온 천지에 돌리는 곳이 동곡약방이라는 말씀입니다.

상제님께서 [중화경]에서 [귀신의 왕래굴신하는 덕이 천명의 실리]라 하셨으며 [천지의 이치가 모두 귀신에게 다한다] 하심과 같이 귀신이 곧 道의 체이고 태극이며 항시 일동(一動) 일정(一靜)을 순환 반복하면서 온 우주에 항시 털끝만 한 사가 없는 지극한 기운을 보내주는 존재인 것입니다.

마치 두 전류가 흐르면서 기기를 작동시키듯이 근본적으로 음양 두 기운이 태극의 원리로 합덕하고 조화를 이룰 수 있는 기운을 보급해주는 존재인 것입니다.

상서가 무르녹는 지상 선경으로 가는 길

이와 상반된 기운이 천지를 가득 채우고 넘쳐 귀신지기(鬼神之氣)가 전해질 수 없게 되어 [수기가 돌지 않는다] 하신 것이며 신성, 불, 보살들이 인계와 신명계의 겁액을 구천에 하소연하게 된 것입니다.

당연히 동곡약방이 [三界를 광구할 태극기동의 원점]이고 [전주 동곡]이며 동곡약방이 있는 곳이 [세계일가]가 이루어지는 후천 선경의 大수도가 되는 [새서울]이고 상제님께서 금산사라 하신 곳도 이곳을 두고 하신 말씀입니다.

수도하는 사람들도 온 세상에서 고갈이 되었다 하신 [물기운]을 체득하여 道의 지극한 기운이 내 몸 안에서 순환이 되어야 대병과 소병이 자연히 물러가게 되는 것이며 세상도 마찬가지로 누구에게나 은혜를 베푸시는 상제님 도덕이 천하 사람들 마음에 전해져야 남을 해치는 악한 기운이 점점 물러가고 화민정세가 되는 것입니다.

상제님께서 [정읍에 난리가 있고 나서야 통치하는 기운이 갈무리되어 있나니…] 하심도 수기를 두고 하신 말씀입니다.

음양 두 기운을 태극의 원리로 합덕 조화를 시켜 천지의 질서가 이루어지게 만드는 기운이며 인간 세상에서도 수기가 돌아 상제님 도덕이 천하 사람들 마음에 전해질 수 있어야 개인 간, 집단 간에도 합덕 조화가 이루어지게 하여 인간계의 질서가 이루어지게 만드는 기운이므로 [통치하는 기운]이라 표현을 하신 것입니다.

그만큼 도인들이 온갖 풍파를 감내하여야 왕래굴신 동정순환하는 道의 지극한 덕이 三界에 두루 전해질 수 있게 되어 三界를 광구할 수 있게 되는 것입니다.

상서가 무르녹는 지상 선경으로 가는 길

木神無舌(목신무설)

상제님께서 무신년 어느 날 책상 서랍 밑에 [御命(어명), 木神無舌 (목신무설)]이라 쓰시고 옆에 39개의 점과 선을 치시고 글자 위에 종 이를 덮고 다시 몇 겹으로 풀칠을 하여 보이지 않게 하셨으며 상제 님께서 이와 같은 공사를 보심이 木神을 세상이 알 수 없도록 감 추시고 신명들에게도 발설하지 못하도록 명을 내리신 것입니다.

옥황상제님께서 해방 전에 [3·8 동방 목운을 회선시켜 천하 창생 들을 구제할 도운]이라 하심도 [해방도수]로 웅패의 상극운이 물러 가게 하시고 木運(목운)을 회선시켜 인류가 잃어버린 본마음을 회복 토록 하여 천하 창생들을 구원하신다는 말씀입니다.

당연히 [해박 현룡의 大도수]로 木神이 들어오고 나서야 비로소 도운(道運)이 시작이 되는 것입니다.

토정 선생이 전한 글 중에 [木之十八子(목지십팔자) 絲冬海島汾(사동 해도분)]이라는 말도 상제님께서 말씀하신 木神을 뜻하는 것이며 전경 끝 페이지에 나오는 人山鳥라 하심도 목신을 뜻하시는 것입니다.

상제님께서 이 공사를 보실 때 信章公事圖(신장공사도)를 그리셨으며 [공사도]에 제비와 같이 생긴 새가 입에 쪽지를 물고 산 같은 곳에 있는 모습이 山과 鳥를 뜻하시는 것이며 쪽지를 물고 있는 것이 새로운 소식을 전한다는 뜻이 아니고 무엇이겠으며 [三人同行七十里 五老峰前二十一]의 공사 규범이 이 [신장도]에 들어 있다 하심도 이때 도문에 들어오기 때문입니다.

상제님께서 [목신을] 감추시는 공사를 보심은 大道가 있기 때문이시며 大道가 없으면 척신들이 미리 알지 못하도록 그리 철저히 감추실 이유가 없으신 것입니다.

당연히 大道가 출현하지 못하도록 척신들이 음해할 것을 염려하시어 감추시는 공사를 보신 것입니다.

대학도수 청학 공부

　옥황상제님께서 병신년(1956년) 7월에 [합천 해인사]에서 도수를 보시고 [금년에는 가야산 도수까지 무사히 마쳤으니 이제 큰 도수는 거의 다 보았느니라] 하시고 [해인사]에 전해져오는 전설과 해인에 대하여 말씀하신 후에 보수동 부산 도장을 보수도정으로 개칭하시고 감천동 구덕정사의 정침은 회룡재, 공부실은 산회당, 그 경내를 부산 도장으로 명명하시며 [이곳에 장차 대학도수 청학 공부를 열 것이며 영대(靈臺) 계대(繼臺)가 있게 되리라] 말씀하셨습니다.

　大道가 정해년 양력 6월 20일에서 음력 6월 20일 기간에 천지에서 출현할 때도 어느 방면이 가야산에 진출하여 공사를 마친 직후인 것입니다.

　옥황상제님께서 해인사에서 도수를 보실 때 [홍제암]이라는 곳에 오르시어 법당에서 공부를 하셨으며 어두운 밤이 되자 갑자기 몸은 절구통만 하고 머리는 용과도 같고 범과도 같으며 입은 단번에 몇 사람이라도 삼킬 듯하고 눈은 전광 같은 괴물이 나타나 문밖에서 시립하고 있었다 하며 주지와 다른 사람들은 기겁하였으나 옥황상제님께서는 태연히 공부를 마치시고 그 괴물이 밤길을 비쳐 주어 무사히 하산하셨다고 하였습니다.

[금산사]에 [청풍명월(淸風明月)]이라는 현판이 붙어 있는 [종무소] 에 용머리에 몸은 거북이인 상이 있으며 [청풍명월]이라는 현판이 붙어 있는 것도 이 신물이 세상에 출현할 때는 후천 선경세상이 오게 된다는 뜻인 것입니다.

옥황상제님을 시립하였다는 괴물이 용머리에 거북의 몸을 가지 고 있는 신물이며 [구마일도(龜馬一道) 금산하(金山下)]라 하심도 하 도를 가지고 온 용마와 낙서를 가지고 온 신구가 하나가 되어 [진 경(眞經)]이 출현하게 되는 것을 뜻하시는 것입니다.

[청학 공부]가 곧 도통을 하기 위하여 하는 공부이며 우주가 존 재하는 근본인 [무극시태극]의 진리를 공부하는 것입니다.

옥황상제님께서 [대학도수 청학 공부]라 하심도 대학도수가 이 때문에 있다는 말씀으로 결국은 상제님 도덕을 공부하기 위하여 있는 것입니다.

수도하는 사람들이 누구나 道를 주장하지만 실제로 道의 바른 진리를 공부한 것은 아닌 것이며 오히려 [선천은 인간 사물이 모두 상극에 지배되어…] 하신 같은 선천기운 속에서 수도를 해온 것입 니다. 상제님께서 음양합덕을 시키는 道의 기운과 상반된 기운이

상서가 무르녹는 지상 선경으로 가는 길

므로 상극이라 하신 것입니다.

상제님께서 [나는 누구에게나 마음을 밝혀주리니…] 하셨으므로 [청학 공부]를 하면 누구나 성도를 할 수 있으리라 믿을 수도 있겠지만 현재는 내 몸을 이루는 수많은 정(精)과 기(氣)를 조화시켜 태극을 이루게 할 수 있는 기운을 얻지 못하였으므로 세상없어도 성도를 할 수가 없는 것입니다.

마음 안에 [정심경에 天君이라는 상제님 도덕인 靈이 없어 오히려 허령기운이 차고 들어올 수도 있는 것이며 설령 허령이 동하지 않고 21일 동안 공부를 무사히 마쳤다 하여도 절대로 성도를 할 수가 없는 것입니다.

상제님께서 세상에서 끊어져 천하가 모두 병이 들게 되었다 하신 기운은 당연히 道의 체를 두고 하신 말씀이며 [대학도수 청학 공부]도 온 세상에서 끊어지고 고갈이 되었다 하신 기운을 체득하기 위하여 하는 것입니다.

선천은 근본적으로 상극의 기운이 인간 사물을 지배한 세상이므로 세상을 지배하는 기운과 상제님 도덕기운이 서로 상반된 기운이 되어 무극의 체(體)가 요순우탕 같은 성인들이나 속세를 떠나 수도를 하는 사람들을 통해서 어렵게 전해져오다가 결국은 전수되지 못하고 끊어지게 된 것입니다.

앞으로는 상제님 도덕이 인간 사물을 주관하게 되므로 처음에는

어렵게 전해진다 하여도 종래에는 온 세상에 두루 전해질 수 있게
되는 것입니다.

　당연히 대학교가 상제님 도덕이 온 세상에 펼쳐지는 핵점이 되
는 것입니다.

대곡사노결대병(大斛事老結大病)

大斛(대곡)은 20말 정도 되는 곡식을 담을 수 있는 그릇을 뜻한다 하며 事老(사노)는 사용한 지 오래되어 낡았다는 뜻으로 상제님께서 [비유컨대 낡은 집에서 그대로 살려면 엎어질 염려가 있어 불안하여 살기가 매우 괴로운 것이니라. 그러므로 우리는 개벽을 하여야 하느니라] 하심과 같이 [대곡사노]를 [낡은 집]으로 비유하심과 같이 억조창생과 수많은 생명을 담고 있는 현 세상을 뜻하시는 것입니다.

현 세상이 오존층 파괴로 인하여 생겨난 온난화 현상과 그 밖의 수많은 공해 문제로 지구촌이 조만간 버티기 어려운 상황이 올 것이라는 것을 과학자들도 인지하고 있는 상황이지만 이와 같은 현실도 세상이 사용한 지 오래되어 병이 든 것이라 할 수 있지만 상제님께서 이를 두고 하신 말씀이 아니라 천하 사람들이 오랜 세월 道의 진리와 상반된 상극운 속에서 살아와 이 기운이 너무 깊이 배어 있어 道의 바른 기운이 전해지기가 어려우므로 하신 말씀인 것입니다.

[태극의 진리가 곧 정음정양]이라 하심과 같이 道라고 하는 것은 곧 정음정양으로 용사하는 기운을 뜻하는 것입니다.

앞으로 오는 세상이 천지가 모두 정음정양으로 바르게 되는 세상이므로 이제야 비로소 정음정양의 올바른 법이 시작되는 것으로 여길 수도 있겠지만 道 자체가 [정음정양]이고 털끝만치도 치우치지 않는다는 상제님 도덕이 [정음정양]인 것입니다.

이와 같은 하늘의 도덕이 인류에게 전해졌던 [요순의 道]가 곧 [정음정양]이며 [요순의 道가 다시 나타나리라] 하심도 때가되면 요임금께서 우순에게 전하신 [정음정양]의 바른 도덕이 다시 시작이 되는 것을 두고 하신 말씀입니다. [서전서문]의 中이라 하는 것이 곧 [정음정양]을 뜻하는 것이 아니고 무엇이겠습니까?

마음이 치우치지 않아 같이 여길 수 있다면 어찌 서로 비방하고 헐뜯거나 서로 적대시하여 해치는 일이 있을 수가 있겠으며 앞으로 오는 세상이 상극이 없고 천하가 일가처럼 되는 세상이 오는 것도 당연히 이와 같은 [정음정양]의 올바른 도덕이 실현이 되기 때문인 것입니다.

[선천은 상극이 지배하여 원한이 쌓이고 따라서 천, 지, 인이 통할 수 없어 이 세상에 참혹한 재화가 생겼느니라] 하심도 선천은

으레 강압으로 사람을 다스리는 웅패의 기운이 인간지사를 지배하여 모든 인사가 불공정하게 되고 강자의 횡포로 수많은 원한이 쌓이고 하늘의 바른 도덕이 인류에게 전해질 수 없게 되어 세상 사람 마음이 점점 악해져 사람을 함부로 해치는 온갖 죄악이 생기게 되었다는 말씀입니다.

道의 진리가 완벽하게 실현이 되는 후천 선경이 오기 전에 이와 상반된 세상이 먼저 오게 되는 것은 어쩔 수 없는 일인 것이며 당연히 선천세상을 지배한 기운은 상제님 도덕기운과 상반된 기운입니다.

옥황상제님께서 [태극의 도리가 그 원원(元元)이 음양합덕이니 일음(一陰), 일양(一陽)이 바른 자리를 지키며 기동함으로써 우주 삼라만상이 생성 발전하는 것이 곧 정음정양의 근본 원리라 하심이 일체의 사사로운 마음을 버리고 자기 할 도리를 바르게 함으로써 음양이 바르게 조화를 이루게 하는 것이 [정음정양의 근본]이라는 말씀인 것입니다.

앞으로 새로운 기틀이 열려 [정음정양]의 운이 시작이 되면 권위를 세워 위신에 차별을 두고자 하거나 남을 수하에 두고 위무로 가르치던 선천의 그릇된 기운을 반드시 버려야 되는 것이며 내 인연이니 남의 인연이니 하여 분별을 두는 마음도 버려야 되는 것입니다.

道 자체는 분별을 두는 사가 전혀 없이 덕을 베푸는 [무아무상]한 기운이므로 터럭만큼도 치우치지 않는다는 기운이며 도통을 구하고자 한다면 당연히 분별을 두어 자기 쪽에 치우치게 되는 마음을 극복할 수 있어야 되는 것입니다.

[대곡사노결대병]이라 하심도 천하 사람들이 道의 진리와 상반된 세상에서 수천 년 동안 살아와 선천의 그릇된 고정관념이 너무 깊이 배어 있어 하늘의 바른 도덕이 전해지기가 그만큼 어려우므로 하신 말씀인 것입니다.

상제님께서 [나의 형체가 사두용미이니라] 하심과 같이 처음에는 상제님 도덕이 어렵게 전해질 수밖에 없지만 종래에는 크게 성공하게 되는 것이 상제님께서 짜놓으신 도수인 것입니다.

옥황상제님께서 [헌 집을 뜯어야 새집을 지을 수 있느니라] 하심도 때가되면 [上下의 위계]를 세우던 선천법을 모두 거두시고 [정음정양]의 올바른 법을 세우신다는 말씀이며 당연히 헌 집에서 살던 그릇된 인습을 모두 버리고 [정음정양]의 운을 받아들일 수 있어야 성공할 수 있는 것입니다.

상서가 무르녹는 지상 선경으로 가는 길

병 자기이발(病 自己而發)

　상제님께서 백지 일곱 장에 [병 자기이발(病自己而發)과 장 사 병
쇠 왕 관 대 욕 생 양 태 포]의 글을 쓰셔서 김형렬에게 전주에 가
서 일곱 사람에게 전하라 하심이 곧 도인들이 장차 6인 포덕하는
것을 뜻하시는 것입니다.

　상제님께서 [大病出於無道(대병출어무도) 小病出於無道(소병출어무도)]
라 하심이 대병과 소병이 모두 道를 잃어 생기게 된다는 말씀이며
원시반본하여야 道를 회복할 수 있다는 것을 세상 사람들에게 전
하라는 말씀입니다.

　도인들이 먼저 원시반본하여 道를 회복한 후에 세상 사람들에게
도 상극세상에서 물든 그릇된 인습을 모두 버리고 원시반본토록
하는 것이 천하포덕이 되는 것입니다.

　상제님께서 [큰 운수를 받으려는 자는 서전서문을 많이 읽으라]
하시고 [且生於數千載之下(차생어수천재지하) 而欲講明於數千載之前
(이욕강명어수천재지전) 亦已難矣(역이난의)]라는 한 구절은 청수를 떠놓

고 읽을 만한 구절이니라| 하심도 원시반본하여야 선경의 큰 운수를 얻을 수 있다는 말씀입니다.

道는 근본적으로 음양이 서로 덕성을 합하는 것이며 선천은 오히려 서로 해치고 멸망시키고자 하던 기운이 아니고 무엇이겠으며 결국은 三界가 모두 진멸지경에 이르게 된 것입니다.

상제님께서 걸악기시야(桀惡其時也)라 하심이 선천은 근본적으로 악이 지배한 세상이라는 말씀이며 당연히 선천의 그릇된 인습을 모두 버리고 원시반본하여야 道를 회복할 수 있게 되는 것입니다.

수도하는 사람들이 2·7 화기운을 가지고 4·9 금세상에 넘어갈 수 없으니 중앙 5·0 토로 돌아가야 한다고 하는 것이 곧 원시반본하여야 후천 선경에 넘어갈 수가 있다는 말인 것입니다. 도인들이 누구나 그와 같은 주장을 하지만 정작 2·7 火기운 속에서 수도를 하는 줄은 모르고 있는 것이며 때가 되어야 원시반본하는 수도를 할 수 있게 된다는 것도 모르고 있는 것입니다.

도전님께서 |진짜 수도는 나중에 있는 것이다| 하심도 근본적으로 웅패의 운이 물러가고 천운이 바뀌어야 중앙 5·0 토로 돌아가는 수도를 할 수 있으므로 하신 말씀입니다.

상서가 무르녹는 지상 선경으로 가는 길

궁상각치우(宮商角徵羽)

[병세문]에 [宮商角徵羽]라 하심은 옛 성인들이 예약(禮樂) 교화를 하기 위하여 지은 것으로 당연히 [인의예지신] 五性(오성)을 뜻하시는 것입니다.

직업(職業)이라 하는 것이 본래 하늘이 사람 개개인에게 부여한 것이며 선천의 성인들이 道를 얻어 중생들을 가르치던 것이 가장 숭고한 직업과 같으므로 선천하지직(先天下之職) 선천하지업(先天下之業)이라 하신 것입니다.

의통(醫統)이라 하심이 곧 24가지 약의 정(精)을 가지고 있는 의원이라는 뜻이므로 職者醫也(직자의야) 業者統也(업자통야) 聖之職 聖之業(성지직 성지업)이라 하신 것입니다.

상제님께서 [중화경]에서 [性中有仁義禮智信(성중유인의예지신)]이라 하심과 같이 천명지성 중에 인의예지신 오성이 구비되어 있는 것이며 인류가 [천명지성]을 잃은 것이 병세인 것입니다.

사람에게는 당연히 있는 것으로 주장하기도 하던 것이 선천의 학문이지만 상제님께서 [충, 효, 열이 끊어져 천하가 모두 병이 들었느니라] 하심이 당연히 세상이 진심을 잃어 병이 들었다고 하신 것이며 진심이란 하늘이 부여한 천명지성을 뜻하시는 것이지 그 외에 어떤 마음이 또 있을 수가 있겠습니까?

상제님께서 [수기지약(水氣之藥)]이라 하심과 같이 [의통]이라 하심은 곧 [물기운]을 두고 하신 말씀이며 물기운이 곧 오성을 구비하고 있는 무극의 체를 뜻하시는 것입니다.

道 자체는 본래 분별과 가림을 두는 사 자체가 전혀 없어 군생 초목에 모두 지극한 기운을 전해주어 생육하게 만드는 기운인 것입니다.

천하 사람들이 모두 이를 잃어 분별과 가림을 두어 서로 자기 쪽은 위할 줄 알아도 진짜 남은 전혀 그와 같이 여길 줄 몰라 온갖 불화를 일으키는 것이 현실이 아니고 무엇이겠으며 장차 병겁이 닥쳐오는 것도 이 때문입니다.

하물며 상제님 도문에 있는 사람들은 어찌 세상 사람들과 달라 대재앙이 인류에게 닥쳐올 때 세상 사람들을 구해줄 수가 있겠으며 당연히 [의통]을 얻기 위하여 수도 공부하는 과정이 앞으로 오게 되는 것입니다.

상제님께서 [자기 하나 사는 길을 모르면서 남을 수하에 두는 것이 무서운 죄라 하셨으며 [사는 길]이라 하심이 당연히 [의통]을 두고 하신 말씀입니다.

자작사당(自作死當)이라 하심도 장차 새로운 운이 시작이 될 때 스스로 죽는 당을 만든다는 뜻으로 [의통]을 모르면서 사람들을 수하에 두고 모이게 하는 것을 뜻하는 것입니다.

채지가에 [의심말고 따라서라 등들고 불 밝혔네] 하고 [어주자 다시 만나] 하듯이 [어주자가 어찌 판 안에 있는 사람이겠으며 성공하는 길을 알기가 어려운 것이 아니라 선천세상 내내 웅패의 기운 속에서 살아와 새로운 운을 받아들이기가 어려운 것입니다.

선천 비결

[채지가]에 [믿지말라 믿지마라 선천비결 믿지마라 선천비결 믿다가는 귀지허사 되리로다] 하는 것이 당연히 선천의 그릇된 가치관을 [선천비결]이라 하는 것이며 선천비결을 믿고 따르면 그동안 애써 수도한 것이 허사가 된다는 뜻입니다.

선천은 상극의 운이므로 남한테 지지 않기 위하여 같은 식구, 같은 편끼리 결속과 단합을 도모하던 세상이며 윗사람이니 밑의 사람이니 하여 우대관계를 중요시하고 上下의 예를 바르게 하는 것을 道를 행하는 것으로 여기던 세상인 것입니다.

하지만 앞으로 오는 세상은 [세계일가]가 이루어지고 [정음정양]의 운이 되어 평등한 세상이며 당연히 선천과는 상반된 기운이 지배하는 세상인 것입니다.

당연히 윗사람이니 밑의 사람이니 하여 같은 식구끼리 위하고자 하는 마음을 버려야 되는 것이며 上下의 위계를 세우던 선천법도

상서가 무르녹는 지상 선경으로 가는 길

반드시 버리고 상대를 자신과 같은 존재로 여기고 서로 도리에 알맞게 하는 것이 새로운 세상의 새로운 법인 것입니다.

세상에도 상극의 기운이 강한 무도한 군생들이 위아래의 예가 깍듯하고 저희끼리 우대를 중요시하듯이 선천비결은 근본적으로 상극운에서 비롯된 그릇된 기운에 불과한 것이며 절대로 道의 진리에 맞는 것이 아닌 것입니다.

道는 분별과 가림을 두는 사가 전혀 없이 은혜를 베푸는 기운인데 같은 식구끼리 위하고자 하는 것이 어찌 맞을 수가 있겠으며 나와 남이라는 사가 없는 기운인데 위아래로 차별을 두는 것이 어찌 합당할 수가 있겠습니까?

이와 같은 기운은 선천의 비결이고 옥황상제님께서 三忘五忌(삼망오기)로 혁신토록 하심과 같이 분별을 두는 선천의 그릇된 인습을 모두 버리고 위신에 차별을 두고자 하는 마음도 모두 버리고 누구에게나 자기 할 도리를 바르게 하는 것이 [세계일가]가 이루어지는 후천 선경의 비결인 것입니다.

옥황상제님께서 감천으로 이주하시기 직전에 [삼망오기]로 혁신토록 하시는 도수를 보시고 1년 후에 [내가 1년 전에 너희에게 혁신을 명하였으나 아직 혁신이 되지 않았으므로 다시 혁신을 명하노라] 하시고 재차 혁신하는 도수를 보심이 당시 도인들을 혁신토록 하신 것이 아니라 훗날의 도인들이 그만큼 선천의 오랜 인습을 버리기가 어려우므로 재차 반복하시어 혁신토록 하시는 도수를 보신 것입니다.

　현재 수도하는 도인들이 선각이니 후각이니 하면서 분별을 두고 같은 식구끼리 위하고자 하던 인습을 버리기가 어찌 쉬울 수가 있겠으며 혁신하는 도수를 재차 보심도 이 때문입니다.

　하물며 선경의 대운을 얻기 위하여 수도하는 도인들에게 같은 식구끼리 위하게 만들고 서로 자기 쪽만 옳고 중히 여기게 만드는 선천기운을 심어주는 현재 도문안의 기운이 어찌 합당할 수가 있겠습니까?

　장차 수많은 수도인들이 선천의 그릇된 기운을 버리지 못해 새 세상의 운수를 얻지 못하게 되는 것이 현실인 것입니다.

　　　　　　　　　　　　　　상서가 무르녹는 지상 선경으로 가는 길

궁 단속

옥황상제님께서 [궁 단속이 가장 중요하느니라] 하시고 수차 강조하심이 장차 大道가 봉안이 된 성전에 불순한 세력이 들어오지 못하도록 철저히 단속을 해야 된다는 말씀으로 대강전을 영건하시고 [오만 년에 유일하고 우주 간에 무이한 진리의 성전]이라 하심과 같이 우주 간에 유일무이하다 하신 신명을 도인들이 신명(身命)을 걸고 지켜내야 한다는 말씀입니다.

옥황상제님께서 대강전을 영건하신 후에 상비원으로 하여금 엄히 지키게 하시고 중궁에는 상급 임원들의 출입도 제한하셨으며 한번은 상비원이 잠시 자리를 비운 사이에 한경관이 무심코 중궁에 들어갔다가 나간 것을 아시고 진노하시어 상비원을 밖에 석고대죄를 시키시고 상급 임원 전원도 중궁에 부복대죄를 시키셨으며 옥황상제님께서 몸소 영대 문전에서 1시간 동안 부복사죄를 하시고 전 임원들에게 엄책하시어 [궁 단속]을 철저히 하도록 하셨습니다.

장차 군왕과 장상이 될 군자들이 환란을 겪게 되는 [백의 군왕], [백의 장상] 도수를 보실 때에도 [궁 단속]을 철저히 할 것을 당부 하셨으며 화천하시기 한 달 전에는 [앞으로 배도자들의 기승하는 난동과 사술자들의 혼천동지하는 현혹에 의심나고 땀날 때가 있으리니 그때에도 너희들은 궁 단속과 법방수행을 잘하라. 가장 중요하느니라] 하심과 같이 [궁 단속]을 철저히 할 것을 수차 강조하셨습니다.

신명으로 존재하는 大道가 척신들로부터 공격을 받는다 하여 어찌 잘못되겠나 싶어도 절대 그런 것이 아니며 大道도 척신들로부터 해를 받을 수 있는 존재인 것입니다.

大道가 완성을 이루어 용사할 수 있을 때는 천지에 아무리 마의 세력이 많다 하여도 순식간에 소멸을 시킬 수 있는 존재이지만 사람처럼 자라고 성숙하는 과정이 있는 것이며 이때에는 척식들로부터 해를 받을 수 있는 존재인 것입니다.

옥황상제님께서 보천교에서 궤를 가지고 나오신 후에 혹독한 고행을 하시면서 검무도수를 보심도 모두 大道를 척신들로부터 지켜내시기 위하여 하신 것이며 화천하실 때까지 백 일 동안 불면불휴하시는 도수를 수없이 반복하시어 도수를 보심도 大道가 성공하여 후천 선경이 열릴 수 있도록 하시기 위함인 것입니다.

천지에 가득한 척신들의 세력으로부터 大道를 지켜내시는 것이

상서가 무르녹는 지상 선경으로 가는 길

어찌 쉬운 일이 될 수가 있겠으며 [나의 공부는 곧 오십 년 고행이니 고생은 내가 하고 안락과 호사는 너희들이 누리리라] 하심과 같이 옥황상제님께서 상상할 수도 없는 고행을 하심으로 도인들이 大道를 얻어 소원성취를 이룰 수가 있게 되는 것입니다.

大道가 회룡하고 용사할 수 있을 때까지 그리 오랜 시간이 걸리는 것이 아니며 당연히 무궁한 후천 선경세상을 열고 도인들의 소원성취를 이루게 할 수 있는 신명을 신명(身命)을 걸고 수호를 해야 되는 것이며 때가 되면 자신을 지켜준 도인들에게 응하여 영원한 소원을 이룰 수 있게 하는 것은 당연한 일인 것입니다.

厥病乃愈(궐병내유)

[병세문]에 有天下病者(유천하지병자) 用天下之藥(용천하지약) 厥病乃愈(궐병내유)라 하심이 천하의 병자에게 천하의 약을 쓰면 병이 곧 낫게 된다는 말씀으로 대병도 무도에서 비롯되고 소병도 무도에서 비롯된다 하심과 같이 세상이 道를 잃은 것이 병세이고 道가 곧 약인 것입니다.

道의 用(용)을 태극으로 표현하듯이 온 세상이 태극을 이루게 할 수 있는 기운을 잃은 것이 병세입니다.

상제님 도덕은 분별을 두시는 사가 전혀 없이 은혜를 베푸시는 기운이므로 집단 간, 나라 간까지라도 같이 여길 수 있게 하여 음양합덕을 이루게 하실 수 있는 기운이며 천하 사람들이 수천 년 동안 상극운 속에서 살아오면서 이와 같이 하늘이 부여한 성정을 모두 잃은 것이 병세가 아니고 무엇이겠으며 인류가 이를 잃게 되면 서로 자신이나 자기 쪽의 이로움을 도모하여 온갖 다툼이 생기고 서로 상대를 해치게 되며 지극한 선(善)인 상제님 도덕기운이 천

상서가 무르녹는 지상 선경으로 가는 길

하 사람들 마음에 전해지지 못하면 인심이 점점 나빠지고 세상에 온갖 죄악이 만연하게 되는 것입니다.

인신을 [소천지]라 하고 [귀신들의 모임]이라 하심과 같이 천하 사람들 내면에서도 음양이 부조화하고 자신을 해치는 온갖 나쁜 기운이 생겨나는 것은 마찬가지이며 상제님께서 [천하가 모두 병이 들었느니라] 하심도 이 때문에 하신 말씀입니다.

겉으로는 아무 이상이 없는 것처럼 느껴지니 병이 들었는지 안 들었는지 모르는 것이 현실이지만 [운수에 맞추지 못하면 내종(內 腫)을 이루리라] 하심과 같이 약기운이 전해질 때 이를 얻지 못하 면 내부에 종기 같은 것들이 생겨서 잘못된다는 말씀입니다.

하물며 선천의 그릇된 기운을 버리지 못해 약기운을 얻지 못하 면 어찌하겠으며 선천기운은 근본적으로 음양이 상극하게 만드는 기운이므로 반드시 선천의 그릇된 기운을 버릴 수 있어야 되는 것 입니다.

상제님께서 [병자기 이발]이라 쓰시고 글자를 거꾸로 쓰셔서 세 상에 전하게 하심도 원시반본하여야 대병지약(大病之藥)을 얻을 수 있다는 말씀입니다.

厥病乃愈(궐병내유)라 하심과 같이 약기운이 전해지면 병이야 바 로 낫는다 하셨지만 천하 사람들 마음에 상반된 기운이 깊이 배어 있어 약기운이 전해지기가 어려운 것입니다.

서로 편을 갈라 온갖 상극을 벌이는 군생들에게 자기 쪽에 치우침이 없이 서로 도울 수 있는 기운이 전해지기가 극히 어려운 일처럼 세상도 걸악(桀惡)이라 하신 웅패의 기운이 수천 년 동안 온 세상을 지배하여 이 기운에 깊이 물들어 있어 中이라는 하늘의 성정이 전해지기가 어려운 것입니다.

당연히 원시반본하여 상극세상에서 물든 그릇된 기운을 모두 버릴 수 있어야 약기운도 받아들일 수 있는 것입니다.

옥황상제님께서 三忘五륜(삼망오기)로 혁신토록 하심이 곧 원시반본하는 것이며 서로 편을 가르던 선천의 그릇된 인습을 모두 버려야 道를 회복할 수가 있기 때문입니다.

그동안 선천법으로 수도를 하면서 선각이니 후각이니 하면서 같은 식구끼리 위해주는 것을 당연시하지만 道 자체는 분별을 두는 사가 전혀 없이 은혜를 베푸는 기운이므로 집단 간, 나라 간까지도 치우치지 않는 기운인 것입니다.

앞으로 오는 세상이 이와 같은 道의 진리가 실현이 되므로 세계일가가 이루어지는 것이 아니고 무엇이겠으며 장차 진법 공부, 도통 공부, 청학 공부가 시작이 되면 당연시하던 선천의 그릇된 인습을 모두 버려야 되는 것입니다.

도전님께서 [나와 남을 분별하는 마음을 반드시 버려야 한다] 하

상서가 무르녹는 지상 선경으로 가는 길

심도 나와 남뿐만 아니라 내 인연, 남의 인연, 내 방면, 남의 방면으로 분별하는 마음도 모두 버려야 된다는 말씀입니다.

도전님께서 [성금은 지극히 신성하여 남에게 권유조차 할 수 없다] 하셨지만 그동안의 도문안의 기운이 어찌 말씀대로 할 수가 있는 기운이며 아직도 상극이 지배하였다 하신 선천운이고 도인들이 [평천하]를 이루실 수 있는 상제님 도덕을 공부할 때가 이르지 못해 때가 될 때까지 긴장을 풀지 않도록 책임이 부여된 것입니다.

장차 진법이 시작이 되면 오직 천하를 모두 화합을 시킬 수 있는 무극시태극의 진리를 체득하기 위하여 수도정진하게 되므로 이와 같은 말씀이 현실에서 행해지게 되는 것입니다.

수도하는 사람들이 그동안 포덕을 한다 하면서 주역, 3大 성인 같은 도담으로 후천 개벽이 가까이 왔으니 수도를 해야 된다는 것을 깨닫게 해주는 것을 목적으로 하지만 앞으로는 자기 쪽에 치우침이 없이 서로 도와 [음양합덕]을 시킬 수 있는 태극의 진리가 자신도 구하고 세상도 구할 수 있는 진리라는 것을 깨닫게 해주는 것을 목적으로 하여야 되는 것이며 이것이 진짜 사람을 살리는 일이고 상제님 도덕을 온 세상에 펼치는 진짜 포덕이 되는 것입니다.

제4부

춘산 채지가

뱃노래

배띄어라 배띄어라 만경창파 배띄어라 만경창파 너른바다
두 둥 실 배띄어라 일락서산 해가지고 월출동녘 달이떴다

상하천광 맑은물결 월수세계 이아닌가 천 지 로 배를몰아
요순우탕 키를잡고 문무주공 돛을달고 안증사맹 노저어라

범피중류 띄어놓니 춘수선녀 천상좌라 걸주풍파 일어난들
이배파손 어이하리 제일강산 돛대로서 도사공이 누구신가

세계동란 하올적에 전원수가 아니신가 용담수류 사해춘은
부자도덕 장할시구 만악천겹 싸인속에 솟아나기 어렵도다

천하절후 삼변하나 그이치를 뉘알소냐 뱃 노 래 한곡조에
무이구곡 돌아드니 무궁무궁 저이치를 뱃노래로 화답하네

상서가 무르녹는 지상 선경으로 가는 길

시구시구 좋을시구 양춘삼월 때가왔다 선 창 에 넌짓올라
좌 우 를 살펴보니 많고많은 그사람에 누구누구 모였던고

주중지인 몇몇인고 수신수덕 하였던가 일심공부 하올적에
이배타기 소원일세 악 독 한 그세상에 조소비평 참아가며

멀 고 먼 험한길에 고 생 도 지질하다 먹은마음 다시먹어
쉬지않고 나아갈제 애달프다 애달프다 세상사람 애달프다

원수대척 없건마는 어이그리 척이런고 돌아서면 냉소하고
구석구석 비방일세 들도보도 못했더니 별 일 도 많다더라

도통인지 돌통인지 허무하기 짝이없네 저리해서 도통하면
비상천은 내가하지 아 서 라 말아서라 세상공론 다버리고

정 산 도 태백산에 도라지나 캐어보세 한두뿌리 캐 어 도
강을이 밑천되노라 찾아가세 찾아가세 청림도사 찾아가세

경 신 금 풍경소리 말만듣고 찾아가니 쓰고달고 맛을몰라
오락가락 그뿐이라 날버리고 가는사람 십리못가 발병나네

허무하다 허무하다 세상일이 허무하다 강동자제 팔천인은
도강이서 하올적에 침선파부 결심하고 삼일량을 가지고서

백이산하 충돌할제 팔년풍진 겪어가며 역 발 산 기개세는
초패왕의 위풍이라 대사성공 하잤더니 천지망아 할일없네

계 명 산 추야월에 옥소성이 요란터니 팔천제자 흩어지니
우혜우혜 내약하오 오강정장 배를대고 급도강동 하렸으나

전생사를 생각하면 억울하고 원통하다 강구연월 격양가는
당요천하 송덕할때 만승천자 어데두고 바둑판이 웬일인고

자미원에 몸을붙여 후천운을 기다리니 여 액 이 미진하여
설상가상 되었구나 할일없다 이내운수 지성발원 다시해서

구 천 에 호소하니 해원문이 열렸도다 모 악 산 돌아들어
성부성자 성신만나 무량도를 닦아내니 미륵존이 높았구나

연해청풍 띄운배는 석가여래 시대런가 운변낙각 만이천은
사바세계 되었구나 일체중생 건져다가 극락세계 가게하니

극락세계 어디런고 용화세계 이아닌가 삼 생 경 전해줄때
당내불찬탄노래지어 역력히도 하신말씀 이내도덕 삼천년후

용화도장 넓은도장 일만이천 도통일세 도원결의 하올적에
만고대의 누구신고 황급갑옷 떨쳐입고 적토마상 비껴앉아

상서가 무르녹는 지상 선경으로 가는 길

봉의눈을 부릅뜨고 삼각수를 거사리고 청룡도를 손에들고
중원회복 하려할제 추상같은 높은의리 만고의인 아니신가

임란출세 하올적에 삼보조선 하신다니 무섭더라 무섭더라
의리의자 무섭더라 무 지 한 창생들아 오천만신 하지마라

선천도수 어찌하여 선악구별 혼잡하여 소인도장 되었으며
군자도소 되었던가 악한자도 복을받고 착한자도 화당하네

후천운수 개벽하여 선악구별 가릴적에 신목여전 무섭더라
암실기심 하지마라 너의몸에 지은죄는 너의몸에 그칠지오

너의몸에 닦은공덕 너의몸의 복록이라 콩을심어 콩이나고
외를심어 외가난다 그도역시 이치로서 천리인사 일반일세

이말저말 그만두고 뱃노래나 불러보자 도사공은 키를잡고
소사공은 노저어라 태 평 양 넓은바다 둥기둥실 높이띄어

사해용왕 옹위하고 오악산왕 호위할제 천상천하 재대신장
이십팔수 제위신장 전후기치 나열할제 좌우검극 삼엄하다

사 십 리 능파속에 신선선녀 하강하고 오색체운 둘렀는데
기화요초 만발일세 옥경선악 대풍류로 풍악소리 더욱좋다

백발노인 청춘되고 백발노구 소부되어 흰머리가 검어지고
굽은허리 곧아져서 환골탈태 되었으니 선풍도골 완연하다

의관문물 볼작시면 어이그리 찬란한고 선관월패 단장하니
신선선녀 짝이로다 머리위에 삼천금은 어사화를 꽂았던가

금잠옷잠 찬란하니 천상보화 아니런가 칠 양 기 베틀노래
선녀직금 좋은비단 은하수에 세탁하여 우리도복 지을적에

금척옥척 자질하여 도의도복 마련하니 기장하다 기장하다
의관문물 기장하다 월 궁 에 닻줄걸어 광 한 전 높이올라

시방세계 구경할제 만국문명 되었더라 건져보세 건져보세
억조창생 건져보세 고 해 에 빠진백성 일 일 이 건져주자

북 천 을 바라보니 만천운무 가득하고 동남천을 바라보니
화류구경 더욱좋다 임사호천 하였으니 너희창생 가소롭다

어제보고 웃던사람 오늘보고 탄복일세 빙글빙글 웃던사람
다시한번 웃어볼까 너의운수 그러하나 이내운수 좋을시구

들어가세 들어가세 용화도장 들어가세 많고많은 그사람에
몇몇이나 참례턴가 시들부들 하던사람 후회한들 무엇하며

상서가 무르녹는 지상 선경으로 가는 길

한탄한들 무엇하리 탄식줄이 절로난다 어렵더라 어렵더라
이배타기 어렵더라 찾아가세 찾아가세 회문촌을 찾아가세

석양산천 비낀길로 저기가는 저사람아 욕속부달 되었으니
전공가석 아니런가 사십평생 그만두고 입산공부 들어가니

일 년 이 될려는가 삼 년 이 될려는가 십 년 이 될지라도
이내공부 성공후에 다시보자 깊은언약 그동안을 못참아서

지동지서 한단말가 난법난도 하던사람 전 공 은 고사하고
천위신벌 없을소냐 탄탄대로 어디두고 천방지축 무삼일고

의심말고 따라서라 등 들 고 불밝혔네 어주자를 다시만나
무릉도원 찾아가니 남해남지 지 남 지 대강철교 높았구나

불변선원 하처심고 도화유수 곡중천에 아 동 산 명산중에
지리산이 높았구나 이조개국 하올적에 불복산이 되었도다

오는운수 받자하고 손사방을 열어놓니 만학천봉 정기받아
봉소형이 되었구나 오류동에 비친달이 반 공 에 솟아있고

죽 실 에 부는바람 경운춘색 분명하다 삼태삼경 응기하니
작대산이 높았구나 우백호에 싸인기운 반룡부봉 그아닌가

일촌광음 허비말고 전진전진 하여보세 늦어간다 늦어간다
어서가세 바삐가세 약한창생 건지려고 이말저말 비유해서

노래한장 지었으니 세상사람 전해주소 부 춘 산 칠리탄에
오월양구 떨쳐입고 오는때를 기다리니 일시청풍 맑았구나

상원갑이 지나가고 중원갑이 당했으니 초복중복 다지나고
말복운을 바라보니 개동시에 기운받아 만국문명 되었구나

인 사 는 기회있고 천 시 는 때가있다 오는때를 급히말라
오게되면 자연이라 산을넘고 물을건너 산도절로 물도절로

수수산천 다지나고 탄탄대로 평지만나 홀연춘풍 취거야에
만목개화 일시로다

상서가 무르녹는 지상 선경으로 가는 길

초당의 봄꿈

초 당 에 높이누워 일장춘몽 깊이들어 한 곳 에 다다르니
오선위기 하는구나 한노인은 백기들고 한노인은 흑기들어

한노인은 백기훈수 한노인은 흑기훈수 초한풍진 일어나니
상산산호 아니런가 한노인은 누구신고 주인노인 분명하다

주인노인 체면보소 시절풍류 그뿐이다 상승상부 결승할제
양편훈수 못하고서 친가유무 공궤할제 손님접대 그뿐이라

수는점점 높아가고 밤은점점 깊어간다 원 촌 에 닭이우니
태극성이 비쳤도다 개가짖고 날이새니 각자귀가 하는도다

주인노인 거동보소 일장춘몽 깨어보니 상산사호 네노인은
저갈대로 다가고서 바둑판과 바둑돌은 주인차지 되었도다

요지자는 단주로서 바둑판을 받을적에 후천운수 열릴때에
해원시대 기다리라 정녕분부 이러하니 그이치를 뉘알소냐

오만년지 운수로다 그 아 니 장할시구 순장점을 살펴보니
내팔점이 되었구나 내팔점이 그가운데 태을점이 중궁이라

외순장을 살펴보니 십육점이 되었구나 삼십삼점 매화점은
태극이치 붙어있네 삼십육궁 되었으니 도시춘이 아니런가

삼백육십 일점중에 오십토가 용사하네 무극운이 용사하니
불천불역 되리로다 정정자로 석궁하니 이재석정 이아닌가

전전자로 석궁하니 이재전전 이아닌가 십십교통 되었으니
사정사유 분명하다 이재전전 뉘알소냐 궁궁을을 좋을시구

생사문을 열어놓고 승부판단 하올적에 조 개 는 백기되고
차 돌 은 흑기된다 정지변에 마주앉아 천하통정 하였으니

너도한점 나도한점 허허실실 누가알까 초한건곤 풍진속에
진위진가 누가알고 한신진평 그때로서 현우우열 몰라서라

조개이치 어떠한고 월수궁에 정기받아 오십토로 개합하니
양중유음 되었구나 어 자 는 생선이니 생선복중 을장이라

상서가 무르녹는 지상 선경으로 가는 길

생문방을 들어가니 중앙을성 분명하다 차 돌 은 바돌이니
동 해 지 정석이라 호구중에 가지말라 사색사흉 되었구나

사색사흉 가지말라 가는날이 그만일세 삼십육회 대발하여
자작사당 하는구나 남해남천 바라보니 황학백학 모여들때

갈가마귀야물가마귀야어이그리철도몰라 고각선풍 날아드니
도수보던 옛터이라 해상명월 어디두고 마른우물 찾아가노

용담춘수 맑은물결 어변성룡 하였으니 당나귀야노당나귀야
너의꾀를내가안다 네아무리 그러한들 천 운 을 어길소냐

어미잃은 어린아고 유인하여 몰아다가 저의운수 망쳐놓니
한심하고 가련하다 반구제수 알련마는 어이그리 철도몰라

이십구일 찾아가서 주 청 림 하였어라 개 명 장 나는날에
너의죄를 어이할고 믿지말라 믿지말라 선천비결 믿지말라

선천비결 믿다가는 귀지허사 되리로다 대성인의 행이신가
천지도수 바꿨으니 귀 신 도 난측인데 사람이야 뉘알소냐

아 무 리 안다한들 도인외에 뉘알소냐 용렬터라 용렬터라
저 사 람 용렬터라 공맹자를 배운다고 외면수습 하는사람

점잖은체 해샀터니 양반이다 무엇이냐 실지공부 모르고서
말로하면 될까보냐 캄캄칠야 어둔밤에 등불없이 가는모양

저 혼 자 잘난듯이 성인군자 혼자로다 이러하면 정도되고
이러하면 이단이지 빈중빈중 말을하니 아니꼽고 더럽더라

코를들고 대할러니 냄새나서 못대할세 선천운수 지나가고
후천운수 돌아올때 대명일월 밝은날에 다시한번 만나보세

성문부자 일부자는 상세상세 일렀으니 개벽이치 불원함은
대성인의 행이로다 수도남천 하올적에 수적북지 되는구나

북극통개 삼천리오 남해개벽 칠천리라 동해남천 바라보니
수극화가 되었구나 풍 파 가 절엄하니 억조창생 어이할고

너희창생 건져줄때 이리해도 비방할까 괴이하다 괴이하다
금세풍속 괴이하다 삼강오륜 변타한들 이러하게 허무할까

이팔청춘 소년들아 허송세월 부디말라 과학인지 문학인지
저잘난체 웬일인고 하늘쓰고 도래드니 마음대로 뛰고놀고

효제충신 다버리고 신식개명 말을하네 똑똑하고 잘난체로
주제넘게 배웠는지 미신타파 한다하고 천지신명 무시하네

상서가 무르녹는 지상 선경으로 가는 길

저의부모 몰랐으니 남의부모 어이알며 저의선령 다버리고
남의조상 어이알리 더벙머리 홀태바지 비틀거려 걷는양은

서양문명 이러한가 동양문명 이러한가 고래의관 보게되면
손질하고 욕을한다 고래위풍 전한법을 본보기는 고사하고

숙맥같고 미신같다 저희끼리 공론하네 원 수 의 왜적놈을
저의신주 위하듯이 원수왜적 말을듣고 저의고기 제가먹어

저의피를 제가먹어 못할일이 전혀없네 진 왜 는 고사하고
토 왜 가 무섭더라 왜놈위해 충신되면 그충신이 장구할까

동해부상 돋은해가 신유방에 넘어간다 칠칠야밤 닭이울제
너의얼굴 다시보자 일마태궁 하였으니 삼십육궁 비쳤던가

실 기 는 나중나고 미 련 은 먼저난다 우리강산 삼 천 리
씨름판이 벌어졌네 천지씨름 상씨름에 대판씨름 넘어간다

아기씨름 지난후에 총각씨름 되는구나 판씨름에 올라가니
비교씨름 되었구나 상씨름에 판씨름은 한허리에 달렸으니

술고기나 많이먹고 뒷전에서 잠만잔다 숙살기운 일어날때
일야상설 가외로다 숙살기운 받은사람 받는날이 하직이라

혈기있는 저사람아 허화난동 조심하라 척신난동 되었으니
척신받아 넘어간다 남북풍이 일어나니 만국성진 되었구나

일야상설 하실적에 만수낙엽 지나가고 만년백설 쌓일적에
녹죽청송 푸를청자 사시장춘 불변하니 군자절개 제일이라

황홍흑백 오색중에 푸를청자 으뜸이라 불로불사 오만년에
만년불변 일색이라 삼춘산하 번성시에 만물번성 일시로다

주문도리 부귀화는 도홍이백 장관이오 방화수류 과전천은
유객풍류 장관이오 녹음방초 상하시는 등산유객 장관이요

황극단풍 늦은때에 시객소인 장관이요 이때저때 다지나고
백설강산 되었으니 만수녹음 풍류속에 자랑하던 부귀화는

편시춘몽 되었으니 춘화광음 그뿐일세 뛰고놀던 저사람아
이리될줄 누가알고 적설한강 백설중에 지난고생 생각난다

매몰하던 저사람은 어이그리 매몰한고 같이가자 맹서하고
진정토설 하였더니 은근하게 귀에대고 나의심정 빼어보네

그말저말 곧이듣고 툭툭털어 토설하니 소위추리 한다하고
생각느니 그뿐이라 속 마 음 달랐던가 이제보니 초월일네

　　　　　　　　상서가 무르녹는 지상 선경으로 가는 길

두 눈 이 말똥말똥 아니속고 저잘났네 아 무 리 유인해라
내가정말 속을소냐 한푼두푼 모아다가 살림가사 돌아보지

쓸데없이 쓰는돈은 술고기나 먹고보지 이리촌탁 저리촌탁
생각느니 그뿐이라 저사람은 용렬하고 욕 심 은 앞장서고

정 신 은 뒤를서서 듣고보니 그러할듯 헛일삼아 종사해서
다행이나 어떠할고 탁명이나 하여놓고 좋은소식 엿들을때

이달이나 저달이나 앉은봉개 바랐더니 이럴줄을 알았다면
나도역시 한몫할걸 후회한들 소용없고 한탄한들 소용없네

달노래

달아달아 밝은달아 이태백이 놀던달아 보름달은 온달이오
나흘달은 반달일세 섣달이라 초나흗날 반달보고 절을하세

대월이라 삼 십 일 소월이라 이십구일 옥 토 는 만월이요
백 토 는 소월이라 수종백토 주청림은 세상 사람 누가알고

유 시 에 해가지고 술 시 에 달이비춰 동해동천 비친달이
비친곳에 비치련만 산양산남 비친달은 산음산북 몰랐던가

근수누대선득월이요향양화목이위춘이라 흑운속에 숨은달이
별안간에 밝았도다 개벽천지 열렸도다 문명시대 되었던가

완월루에 높이올라 요순건곤 만났던가 월궁선녀 단장할제
광 한 전 열어놓고 단계지를 꺾어들고 예상위에 노래불러

상서가 무르녹는 지상 선경으로 가는 길

시방세계 통찰할제 십주연화 더욱좋다 금강산은 명산이라
일만이천 높은봉에 봉봉이도 비쳤으니 옥부용을 깎아낸듯

십이제천 금불보살 강림하여 내릴적에 열 석 자 굳은맹서
우리상제 아니신가 고대춘풍 바랐더니 하지하지 우하지라

언제보던 그손인가 수원나그네낯이익네 대자대비 우리상제
옥추문을 열어놓고 대신문을 열어놓니 신명떨음 이때로다

천상공덕 선령신들 자손찾아 내려올제 나를보고 반기하며
춤을추고 노래할때 적선일세 적선일세 만대영화 적선일세

백조일손 그가운데 자손줄을 찾아가니 어떤사람 이러하고
어떤사람 저러하고 자손줄이 떨어지면 선령신도 멸망한다

희희락락 기뻐할제 한모퉁이 통곡이라 뼈도없고 싹도없다
영혼인들 있을소냐 화인적악 되었던가 너의운수 가소롭다

복연선경 되었으니 이내운수 장할시구 자 손 을 잘못두면
욕급선조 된다하고 자 손 을 잘만두면 조상여음 송덕이라

천지인신 대판결은 선악분별 분명하다 무섭더라 무섭더라
백포장막 무섭더라 작대산에 달이떠서 봉나루에 비쳤구나

성 주 사 늙은중이 문안차로 내려올제 일월가사 떨쳐입고
총총걸음 바쁘도다 방 립 은 조개로다 월수궁에 잠겼으니

오일십일 때를맞아 열고닫고 개합하니 한달이라 여섯 번씩
육 육 은 삼십육은 월수정기 갈마하니 토기금정 길러내어

후천도수 삼십육은 중 앙 에 태을이라 존주의리 높았으니
노중연의 기상이요 채석강에 비쳤으니 이태백의 풍류로다

소월동산 적벽강은 임술칠월 소동파요 사가보월 청소림은
두자미의 사향이라 추풍월야 초병산하니수식계명 산월명고
달아달아 밝은달아 후천명월 밝은달아

상서가 무르녹는 지상 선경으로 가는 길

칠월 식과

삼복증염 저문날에 북창청풍 잠이들어 한 꿈 을 이루어서
글귀한수 받아내니 칠월식과 글넉자를 해석하라 분부하네

그뉘신지 몰랐더니 우리동방 선생일세 자세자세 외운글귀
역력히도 생각나서 꿈을깨어 기록하니 이러하고 이러하다

복희선천 어느땐고 춘분도수 되었으니 하도용마 나설적에
천존시대 천도로다 건남곤북 하올적에 이동감서 되었구나

목신사명 하올적에 근본본자 봄춘자요 선천팔괘 희역인데
천지비괘 되었더라 황극운이 열렸으니 구 십 이 중궁일세

건곤정위 감이용사 성인세계 법이로다 문왕팔괘 하지운수
화신사명 여름화자 이남감북 지팔괘는 진동태서 되었구나

수화기제 마련하니 오십토가 중궁이라 희 역 이 주역되니
음양난잡 시대로다 중니여래 시위하고 영웅호걸 도위로다

선천운이 지나가고 후천운이 돌아온다 인존시대 되었으니
주 역 이 정역된다 지천태괘 되었으니 금신사명 하실적에

가을가을 노래하니 추분도수 되었구나 신유금풍 찬바람에
만물성숙 좋은때라 초복중복 다지나고 말복운이 이때로다

곤남건북 하올적에 간동태서 되었구나 천지정위 하올적에
산택통기 되었도다 이칠화가 중궁되니 오십토로 용사하네

수생화 화생금하니 상 극 이 상생된다 갑건해가 되었으니
동이북이 되단말가 무 기 가 용사하니 불천불역 될것이오

비 운 이 태운되니 무극운이 열렸구나 쇠병사장 없어지니
불로불사 선경일세 유불선이 합성하니 삼인일석 닦아서라

여름도수 지나가고 추분도수 닥쳤으니 천하절후 개정할 때
오장육부 환장이라 수토복통 앓을적에 임사호천 급하더라

구년홍수 물밀듯이 몸돌릴틈 없었구나 이재전전 찾아가서
일간고정 높이짖고 사정사유 기둥세워 오십토로 대공받처

상서가 무르녹는 지상 선경으로 가는 길

정 전 에 터를닦아 십십교통 길을내어 주인첨지 누구신고
십오진주 아니신가 여보첨지 불러와서 참외한개 맛을보세

이말듣고 일어앉아 남에남천 바라보니 석 양 은 재산하고
오동은 낙금정이라 화색은토기금정이오과체는수기월정이라

갑인종어 진월이오 기신장어 미월이라 굵고단걸 따서보니
시가금이 십오로다 인구유토 앉 아 서 삼인일석 닦아내어

좌로깎고 우로깎아 맛을보고 다먹은후 여보첨지 여보첨지
쓰 구 나 달 구 나 첨지허허 하는말이 이내말씀 들어보소

여보여보 하였으니 적 자 지 여보로다 첨지첨지 하였으니
만 사 지 첨지로다 쓰 구 나 하였으니 설립밑에 열십자라

달 구 나 하였으니 서중유일 아니런가 솔처자환 서지일은
기 미 지 시월이요 승기운 도수지일은 경신사월 초오일을

현현묘묘 현묘리오 유유무무유무중이라 조을시구 조을시구
시구시구 좋을시구 좌궁우궁 궁을일에 궁을보고 입도하소

반구제수 알았거든 궁을보고 도통하소 넘고보니 태산이오
건너가니 대강이라 산산수수 다지나고 일로통개 길이있네

쉬지않고 가다보니 탄탄대로 여기있네 고대춘풍 바랐더니
때있으면 절로온다 홀연춘풍 취거야에 만목개화 일시로다

시호시호 이내시호 부재래시 시호로다

상서가 무르녹는 지상 선경으로 가는 길

남강 철교

정월이라 보름달은 일년에도 명절일세 형님형님 사촌형님
놀러가세 구경가세 앞집에야 김실형님 뒷집에야 이실형님

새옷입고 단장하고 망월하러 어서가세 광한전에 높이올라
월궁선녀 맞이하세 달가운데 계수나무 상상지를 꺾어다가

머리위에 단장하고 신선선녀 짝을지어 초연금궐 높은곳에
우리상제 옥황상제 선동선녀 데리고서 사배드리려올라가세

맑고맑은 월궁세계 양친부모 모셔다가 천년만년 살고지고
무궁무극 극락일세 올라가세 올라가세 다리없이 어이갈고

칠월칠석 오작교는 견우직녀 걷는다리 만리중원 승평교는
문장호걸 걷는다리 섭선사의 광도교는 당명황이 걷던다리

청운녹수 낙수교는 과거선비 걷는다리 우리다리 어디있노
대강철교 바라보니 이다리는 뉘다린고 정산도의 놋다리라

놋다리는 무쇠다리 튼튼하고 튼튼하다 형님형님 사촌형님
손길잡고 올라가세 이다리는 뉘가났노 부처님의 도술인가

천지풍기 대풍기로 춘왕정월 진목탄에 동 남 풍 빌어다가
남이화에 불을살라 금강철을 뽑아내니 천지녹사 모였던가

이다리는 뉘다린고 정산도의 놋다리라 십 오 야 밝은달은
달도밝고 명랑한데 우리대정 놋대정은 천지수단 손에있네

정첨지는 헛첨질세 바람대로 돌아가고 활활가서 세세보니
남에남천 무지갠가 천지공사 시작할제 우물가에 터를잡아

구년홍수 막아낼제 차돌쌓아 방천하고 진심갈력 지나가니
우우풍풍 고생이라 고생끝에 영화되고 작지불이 군자로다

우리동포 건지려고남모른고생 지질하다 너와나와 손길잡고
같이가세 어서가세 어서어서 바삐가세 늦어가네 늦어가네

이다리는 뉘다린가 정산도의 놋다리라 의심말고 어서가자
일심으로 건너가자 내손잡고 놓지말라 떨어지면 아니된다

상서가 무르녹는 지상 선경으로 가는 길

우리오빠 매몰하네 어이같이 못오는고 우리서울 새 서 울
이리가면 옳게가네 서출양관 무고인은 한번가면 못오리라

가련강토 바라보니 타향타도 가지말라 만국성진 일어날제
다시오기 어렵도다 지남지북 하지말고 앞만보고 건너가자

자머리에 뿔이나니 쥐뿔같은 말이로다 하 늘 이 무너져도
솟을구멍 있나니라 알자하니 창창하고 모르자니 답답하다

세상동요 들어보소 철천지도 포원일세 하우말년 된다하니
하우로써 해원하네 부 하 고 강한사람 해원할게 무엇있고

권리있고 잘난사람 그만해도 자족하고 유식하고 똑똑하면
그만해도 해원이지 시호시호 이내시호 해원시대 만났더라

말도마오 말도마오 부귀자는 말도마오 저의해원 다했으니
들을리가 어디있노 하느님이 정한운수 알고보니 그러하지

귀 하 고 부한사람 장 래 에 빈천이요 빈 하 고 천한사람
오는세상 부귀로다 괄세말라 괄세말라 빈천하다 괄세말라

고단하고 약한사람 길을찾아 들어오고 가난하고 천한사람
도를찾아 들어오고 눈어둡고 귀먹으니 해원하려 찾아드니

해원시대 만났으니 해원이나 하여보소 제가무엇 안다하고
요리조리 핑계하나 정한날이 어김없이 별안간에 닥쳐오니

닦고닦은 저사람은 해원문을 열어놓고 육부팔원 상중하재
기국대로 될것이요 비장용장 상중하재 기국대로 되는구나

장할시구 장할시구 육부팔원 장할시구 기장하다 기장하다
이내사람 기장하다 풍운조화 품에품고 해인조화 손에있네

도해이산 하올적에 태평양이 평지로다 비천상천 하올적에
축전축지 하는구나 무수장삼 떨쳐입고 운무중에 비껴서서

용 천 검 드는칼은 좌 수 에 높이들고 곤 선 승 놋줄일네
우 수 에 갈라잡아 만국문명 열어놀제 인의위무 겸전일세

우 수 의 놋줄던져 죽는사람 살려주고 좌 수 의 용천검은
불의자를 항복받고 천동같이 호령할제 강 산 이 무너지고

인의예지 베푼곳은 만좌춘풍 화기로다 장할시구 장할시구
부 귀 도 장할시구 부 귀 도 장하지만 도통인들 오죽할까

좁고좁은 도화뜰에 만국병마 진퇴로다 청천같은 대동세계
화루구경 더욱좋다 구경났네 구경났네 도인행차 구경났네

상서가 무르녹는 지상 선경으로 가는 길

도인행차 하올적에 천지만물 진동한다 어떤사람 저러하고
어떤사람 이러한고 어제보던 저사람은 불감앙시 어인일고

이내포원 어이할고 철천지도 포원일세 오만년을 정했으니
다시한번 때가올까 웃어봐도 소용없고 울어봐도 소용없네

피를토고 통곡하니 애통터져 못살겠네 철천지도 포원일세
다시한번 풀어볼까 그만일세 그만일세 한탄한들 어이할고

형님형님 사촌형님 같이가자 권고할제 게으르다 칭탈하고
바쁘다고 칭탈하고 부모만류 칭탈하고 남웃는다 칭탈하고

이탈저탈 비탈인가 오늘보니 대탈일세 나의꾀에 내가넘어
살자하니 원통일네 형님형님 사촌형님 이내팔자 어이할고

형님형님 사촌형님 이내운수 장할시구 우리양반 밭갈더니
오늘보니 서울양반 우리양반 초동목수 오늘보니 어사낭군

우리양반 병든양반 오늘보니 선관일세 우리양반 먼데양반
신선되어 다시왔네 극락세계 되고보니 신명인사 일반일세

지성감천 아니려면 만나보기 어렵거든 이내성심 지극터니
죽은나무 꽃이피네 부처님의 도술인가 하느님의 도술인가

꿈도같고 생시같네 이런일이 어디있나 이다리는 뉘다린고
정산도의 놋다리라 천상선관 전한동요 이내노래 지어내어

너희창생 살리려고 언문가사 전해주니 이내말을 웃지말고
자세자세 살펴보아 일심공부 하여가서 해원이나 하여보소

한번가면 그만이지 어느때가 다시올까 좋은일을 보게되면
너의신세 갈까보냐 손을잡고 놓지말고 좋은때를 기다리세

상서가 무르녹는 지상 선경으로 가는 길

춘산 노인 이야기

천황지황 개벽후에 인황시대 언제런고 반고인이 지낸후에
삼황시대 이때로다 삼황시대 지나가고 오제건곤 어느땐고

오제건곤 지나가고 왕패시대 되었구나 왕패시대 지나가고
이적금수 운수로다 이적시대 지나가고 금수운이 이때로다

개벽이후 몇만년후 금수시대 당했구나 금수생활 저사람아
정신차려 생각하소 천지지간 만물중에 최령자가 사람일네

인사도리 닦자하니 삼강오륜 으뜸일네 삼강오륜 무엇인고
임금은신하의벼리요 아비는자식의벼리요가장은아내의벼리요

그물코가 많지마는 벼리없이 아니되고 나뭇가지 많지마는
뿌리없이 어이하리 삼 강 을 밝혀낼때 오 륜 은 무엇인고

군신유의 부자유친 부부유별 장유유서 붕의유신 그가운데
믿을신자 체가되고 수화금목 오행에도 오십토가 체가된다

나 무 도 흙아니면 어느곳에 배양하며 물도흙이 아니라면
어느곳에 생성하리 금도흙이 아니라면 어느곳에 생성하며

불도흙이 아니라면 어느곳에 비치리오 인의예지 사단중에
믿을신자 으뜸이라 믿을신자 신없으면 매사불성 되느니라

춘하추동 사시절은 천 지 의 신용이요 한래서왕 불위시는
사 시 의 신용이요 삼강오륜 행할적에 인사도리 신용이요

천지인이 삼재되니 삼위삼재 이내몸에 천지조화 풍부하니
이내몸은 소천지라 천지운기 타고나서 금수행동 말아서라

금수행동 어떠한고 충복충장 그가운데 즐 겁 고 사랑한 것
계집자식 뿐이로다 뿌리없는 저나무가 지엽어찌 무성할까

근원없는 저물줄기 건천되기 쉬우리라 복 록 은 우로같이
위 에 서 내려온다 복 록 은 물과같이 올라오지 못하느니

선령신을 잊지말고 부모공경 지성하라 불충불효 저사람아
장래희망 볼까보냐 가 빈 에 사현처라 어진아내 못만나면

상서가 무르녹는 지상 선경으로 가는 길

너의신세 어이하며 너의가정 말아닐세 영악하고 간사하면
일가화목 어이될고 눈치싸고 말잘해서 외식체면 꾸며낼제

형제동기 정이뜨고 유유상종 편이된다 수신제가 못한사람
도성덕립 무엇인고 사람이야 속지만은 신명이야 속을소냐

지기금지 하올적에 사정없이 공판한다 수신수도 하자하면
가정처리 제일이라 일가춘풍 하온후에 수명복록 빌어보소

일가춘풍 아니되면 우로지택 못입는다 수 인 사 대천명을
자 고 로 일렀건만 인 사 는 아니닦고 오는운수 고대하니

닦은공덕 없었으니 바랄것이 무엇이냐 때가와서 닿고보니
내차지가 얼마되며 무주공간 저문날에 벌목정정 나무베어

너도한집 나도한집 여기저기 분치하고 사정사유 터를닦아
사정으로 기둥세워 오십토로 대공받쳐 오색으로 단청하고

경 신 금 풍경달아 금화문을 열어노니 풍경소리 요란하다
도덕군자 득의로다 요순우탕 문무주공 차 례 로 존공할제

상중하대 마련하니 공무사정 없을소냐 부자유친 하였으나
운수조차 유친이며 동기일신 하였으니 운수조차 일신이며

낙락장송 큰나무도 깎아야만 동량되고 고산백옥 묻힌옥도
갈아야만 광채나네 만경천리 넓은들에 많고많은 저농사를

주력기중 하여갈때 놀지말고 어서갈자 신농씨의 유업인가
천하대본 이아닌가 갈고매고 다시매서 쉴세없이 가꿔내어

추성시기 당도하니 풍년풍작 추수하여 천하군창 쌓어놓고
팔도인명 구제할제 억조창생 어이하리 신유지곡 불능활을

세상 사람 알았거든 무궁무극 깨달으소 개 명 장 나는날에
의심않게 될것이니 춘말하초 어느땐고 소만망종 두미로다

하느님이 정한바라 어길바가 없건마는 미 련 한 이것들아
어이그리 몰랐더냐

상서가 무르녹는 지상 선경으로 가는 길